铁人三项运动训练完全指南

SERIOUS ABOUT YOUR SPORT

[英] 亚当·迪克森　雷默特·威灵嘉　保罗·科切尔　托马斯·博纳贝尔　著
[英] 罗素·墨菲　丹·克劳斯　丹尼尔·福德　亚当·哈撒韦　纽·厄尔　审定
许　晶　北京铁人三项运动协会　译

中国轻工业出版社

图书在版编目（CIP）数据

铁人三项运动训练完全指南 / (英) 亚当・迪克森
(Adam Dickson) 等著 ; 许晶, 北京铁人三项运动协会译.
—北京 : 中国轻工业出版社, 2019.7
ISBN 978-7-5184-2493-1

Ⅰ. ①铁… Ⅱ. ①亚… ②许… ③北… Ⅲ. ①铁人三项全能运动 – 运动训练 – 指南 Ⅳ. ①G888.12-62

中国版本图书馆CIP数据核字(2019)第108673号

策划编辑：刘忠波　　责任终审：孟寿萱　　封面设计：知墨堂文化
责任编辑：刘忠波　　责任监印：张京华　　版式设计：知墨堂文化

出版发行：中国轻工业出版社（北京东长安街6号，邮编：100740）
印　　刷：北京富诚彩色印刷有限公司
经　　销：各地新华书店
版　　次：2019年7月第1版第1次印刷
开　　本：787 × 1092　1/16　　印张：10
字　　数：200千字
书　　号：ISBN 978-7-5184-2493-1　　定价：88.00元
邮购电话：010-65241695
发行电话：010-85119835　　传真：85113293
网　　址：http://www.chlip.com.cn
Email：club@chlip.com.cn
如发现图书残缺请直接与我社邮购联系调换
171278S6X101ZYW

推荐序

随着中国经济的不断发展，大众越来越追求健康和生活品质，运动和健身逐渐成为我们业余生活的重心。我国的铁人三项运动也将迎来新的发展契机。

近些年，中国铁人三项运动协会加大了铁三运动宣传的力度，铁人三项运动受到越来越多运动爱好者的关注。目前，中国铁人三项运动协会注册团体会员150多个，注册会员15000余人，非注册会员增长更快。

时下，很多行业都流行跨界一说，运动领域也不例外。许多运动项目在日常训练和研究中，都会借鉴其他项目，或者相关学科的方法和成果。有些从项目设置时就通过跨界安排来体现这项运动的魅力，例如田径的十项全能，水中的混合泳接力，冬奥会的冬季五项。今天重点谈的铁人三项运动，就是一个为硬汉打造的跨界运动。

铁三的基本构成三要素为：游、骑、跑。每一项都是奥运和洲际赛会的大项，我国近年来在这些顶级赛事中都常有惊艳表现。这也在不断激励着民间大众投入运动热潮。

说到运动的参与和发展,自然离不开年轻人。正如哈佛医学院的约翰·瑞迪所言：“运动能激活孩子们用来学习的所有脑细胞，以致唤醒整个大脑”。协会组织举办的铁人三项夏令营、训练营、青少年铁人三项赛、校园铁人三项赛等青少年活动，促进了铁人三项运动在大中小学校园的开展。我们鼓励年轻人投入运动、勇于尝试，享受运动的力量、速度和美！只有真正投入其中，享受运动所带来的健康和快感、泪水和喜悦，才能够做到高质量、做得长久。

其实，铁人三项运动是谁都有机会参与的，但是需要良好的身体条件和科学合理的运动训练，才能真正铸就“铁人”。这就需要参考教科书中经典的理念和实战的经验。

这本源于英国的《铁人三项运动训练完全指南》，原书有9位作者，每个人都是各自领域的专家，包括铁三运动达人、自行车职业选手、私人专项教练、跑步和健身操教练、游泳教练、运动饮食专家、运动心理专家。不仅是理论扎实先进，并且都有实战经验。译者也是铁三运动达人。书中的交叉训练、均衡训练图解计划很实用，作者提炼出的运动误区和运动忠告一目了然，对于铁三运动新老爱好者来说会大有裨益。

基于以上，推出此书，希望大家能够喜欢并有所收获。也期望运动爱好者更多关注铁三运动，走进铁三这项充满魅力的运动。

张健：博士，教授，现任中国铁人三项运动协会主席，北京体育大学体育休闲与旅游学院院长、党总支副书记；中国横渡第一人，中国铁人三项运动、山地户外运动引进推广人；荣获过当代十大徐霞客，中国十大休闲贡献人物，国际泳联男子游泳大师称号等。

作者简介：

亚当·迪克森是小说和人文社科作家，是一个终生的健身狂热爱好者。2004年，他在癫痫发作后入院治疗，切断了双腿的血液循环，导致他终身残疾。自那时起，他已经参加了多次铁人三项、长距离马拉松游泳和耐力越野两项赛。2006年在完成了伦敦马拉松后，他首次参加了英格兰的新福雷斯特（New Forest）举办的半程距离铁人三项赛。他还是2006年8月全英铁人赛志愿参赛团的一员和本项赛事后一届（2007年）比赛的选手，并在14小时50分钟内完赛。他与朋友合著了一本关于心理健康方面的书，目前正在撰写他的第二部小说。他亦是“靓鱼（Brilliant Fish）公关和营销有限公司”的编辑顾问。

出生于荷兰的雷默特·威灵嘉是一位前职业自行车选手，自从12岁时开始骑行生涯，他参加了众多国际赛事，其中就包括环法自行车赛。1999年他赢得了荷兰全国锦标赛的计时赛冠军。第二年他加入了拉波银行大陆车队，并蝉联全国锦标赛冠军。2001年雷默特与意大利万特佳（De Nardi-Pasta Montegrappa）车队签订了自己的第一个职业合同，在那里他学到了有效的体能训练和状态调节的变革性方法。在他的职业生涯期间，他曾代表世界著名车队出赛，包括拉波银行、快步和索尼埃·杜瓦尔，在那他与世界著名的自行车选手并肩训练和比赛。在2003年雷默特赢得了在西班牙的2项赛事，并在2006年经历了一个长达150公里（93英里）的令人印象深刻的分赛段后，率先完赛瑞士大奖赛的基亚索站比赛。雷默特将企业总部设在摩纳哥，并在那开展他的公司业务，进行自行车运动推广（www.cycling-promotions.MC），提供专业的私人教练服务。

跑步专家保罗·科切尔，他在2001年之前是一个专业的舞者（投身于伦敦西区的音乐剧和巡回演出），而在那之后他一直在从事健康和健身产业。当他的舞蹈生涯结束时，他发现舞蹈与体育、科学两者之间有许多共通之处。他作为一个训练有素的高级讲师（CYQ），普拉提垫上训练专家（More Fitness），而且在健身和舞蹈领域还拥有10多个其他的教学资质（ISTD）。他现在作为一个私人教练，不仅自己跑过了多次马拉松，而且还训练指导了很多选手在各种不同距离的跑步训练和比赛中获得成功。

即便是遇上16岁时摔断脖子这种恶性事故，也无法阻止纽·厄尔在泳池里继续游泳训练。之后很快，他便出现在一个游泳嘉年华上，那次他居然从容地摘下自己的颈部支架，先去赢了比赛，然后再平静地把支架放回到颈部的原位。一年后，他在澳大利亚珀斯举行的太平洋校际游泳锦标赛上成为三枚金牌得主。并且为他所在的州、地区和国家在这一层面上增添了许多荣誉。

丹·克劳斯是吉尔福德市高能游泳俱乐部全国某年龄组的助理教练，他自己作为国家级游泳运动员征战几年后，又执教已达10年。在他的职业生涯中，他执教过某年龄组、青年组、资深组和大师级别的选手，而且许多游泳运动员在国家级赛场上持续地取得成功。他执教过许多不同的俱乐部，并且和许多顶尖的国际级教练一起工作过。他有体育和运动科学学位，而且对运动科学研究怀有浓厚兴趣。

托马斯·博纳贝尔是一个广播电视和人文社科作家，毕业于伦敦大都会大学。他在广播电视的从业经历使他能与意大利美食秀节目合作，并进而将它引入到运动营养领域。目前他是一家意大利游泳俱乐部的饮食策划师，而且正在撰写一本关于运动营养配方的书。

运动心理学家罗素·墨菲正在开展个人意志力训练系统（www.personalmindtrainer.com），并定期服务于不同的运动人群，包括提供专业的建议给以下群体：铁人三项运动，两项运动、马拉松、高尔夫和足球等。作为国际催眠师联盟的成员之一，他也针对大企业的需求给出建议，以及开展戒烟、体重管理、自信心、恐惧症和其他治疗方案。

本书图片来源：
Credits iStockphoto.com
以及：p13, P65 David Ritter – www.sxc.hu.
p13 Luz Maria Espinoza – www.sxc.hu.
P13 Iwan Bejes – www.bejesweb.nl www.sxc.hu.
p14 Jocilyn Pope – www.sxc.hu.
p14 Pontus Edenberg – www.newsoffuture.com www.sxc.hu.
p17 Lisa Ghaith – www.sxc.hu.
p37 Manfred Werner – www.wikimedia.org.
P45 Thanks to Kees Wielinga.
p49 Horemu – www.wikimedia.org.
p55 Becky Brandt – http://brandt-photography.com, www.sxc.hu.
P67 Lusi www.sxc.hu.
P80 Qw345 – www.wikimedia.org.
p99 Galeria fotografii – rang.pl www.sxc.hu.
p99 Scott Moore – www.typer.ca/~sgm, www.sxc.hu.
P99 Jonnyberg – www.sxc.hu.
p123 Jonathan Ruchti, Switzerland – www.sxc.hu.
p119 Lukas – www.blogonade.de – www.sxc.hu.
p123 Jonathan Ruchti, Switzerland – www.sxc.hu.
p125 Pedro Simao – www.editae.com.br, www.sxc.hu.
p125 Rob Owen-Wahl – www.LockStockPhotography.com, www.sxc.hu.
p125 Agata Urbaniak – www.xero.prv.pl, www.sxc.hu.
p127 Ove Tøpfer – www.pixelmaster.no, www.sxc.hu.
p127 Ove Tøpfer – www.pixelmaster.no, www.sxc.hu.
p127 Emre Nacigil – www.atolyekusadasi.com, www.sxc.hu.
p129 Anna H-G – www.sxc.hu.
p129 Alaa Hamed – users2.titanichost.com/alaasafei, www.sxc.hu.
p129 Gunnar Brink – www.sxc.hu.
p135 Rob Owen-Wahl – www.LockStockPhotography.com, www.sxc.hu.
P138-139 Said-w www.sxu.hu. Notepad graphic Davide Guglielmo – www.broken-arts.com, www.sxc.hu.

目录

关于本书

2004年4月，在两次大规模癫痫发作后，我接到英格兰皇家伯恩茅斯医院整形外科顾问的电话通知，说我需要做个手术，切除我腿上由于创伤而导致坏死的肌肉。

尽管我已经花了几个星期的时间在医院等待，但一开始并没有透露出伤情如此严重。只是到了手术后，残酷的现实才让我情绪沉到谷底，我终于了解到我受伤的全貌。

癫痫发作切断了我的下肢循环，从而导致另一种病征，被称为隔间综合征。因为两侧脚踝的肌腱被阻断了，从而造成足下垂，即无法用正常的踝关节反射来抬起双脚。从此我不得不依赖拐杖和不太舒服的塑料人造踝关节从A地点蹒跚地挪动到B地点。

作为一个跑步和健身的终身狂热爱好者，我当时正面对一个残酷现实，就是未来自己可能会变成一个瘸子。为了确保不要让残疾影响我的总体生活质量，我开始进行温和而有规律的康复性运动：骑车和游泳。因为我父亲曾是一名英军水球代表队的选手，所以他很早就教会我游泳了，至少我还有这个资本垫底。

拐杖和脚踝支撑阶段很快就过去了，我发现我甚至可以毫不费力地独自行走。一天早上，我一个人外出沿着从前的旧跑道漫步，我决定测试一下我的进步，而直接进入轻微慢跑。那一刻简直就是我康复的转折点，并且证明了：尽管我身受重伤，但仍然可以奔跑，竟然是一直跑到路的尽头。

我的健康状况果然很快提高了。然后就可以定期地跑步、骑自行车和游泳了。本地的跑步俱乐部老板建议我去参加铁人三项比赛，于是略带着对比赛的恐惧，我同意了。从一开始，我就爱上了这项运动，并且尽我所能投入其中，同时从中获取经验，并学习如何克服与我的残疾相关的恐惧。

2006年，跑完伦敦马拉松之后，我把目标稍微调高了一点，并进入了许多被视作是这个世界上最艰苦的一天赛制的运动项目。随后在第二年的8月，我又以14小时50分钟冲过终点、首次完赛全英铁人三项赛。

铁人三项是需要认真对待运动项目。这是针对任何想要提高他们的铁人三项相关知识水平和发掘他们的运动潜能的人。无论你是游泳、自行车，还是跑步选手，期望从你的专项或三项中拓展出来，寻求提高改进，这本书将指导你完成这一过程。

基础知识部分，阐明了就这项运动而言摆在面前的训练和条件是什么。接下来，是对技术、战术重点全面的审视，聚焦于训练所必备的个人技术，以及如何将它们与训练和比赛有机地结合在一起。

书中的健身与训练部分，以及交叉训练的方法，以此来针对铁人三项所要求的专项技术和力量训练来调整你身体的节奏和规律。

营养和能量对于成功完赛也是至关重要的，尤其是在长距离的铁人三项中。在训练中，了解你身体的训练所需，可以帮助你保持良好、健康的饮食习惯，并提高你的体能水平。

训练方案覆盖四个铁人三项的距离：短距离（也称短铁）、奥林匹克距离、半程铁人距离和全程铁人距离。以上4个等级，范围从刚入门的新手一直到高级水准。

铁人三项是一项充满魅力的、彰显生命态度的运动，它将会同时挑战和加强你当前的锻炼计划。因此我衷心希望你通过本书的内容可以享受到许多充实有益的游泳、骑车和跑步三项运动的完美赛季。

亚当·迪克森

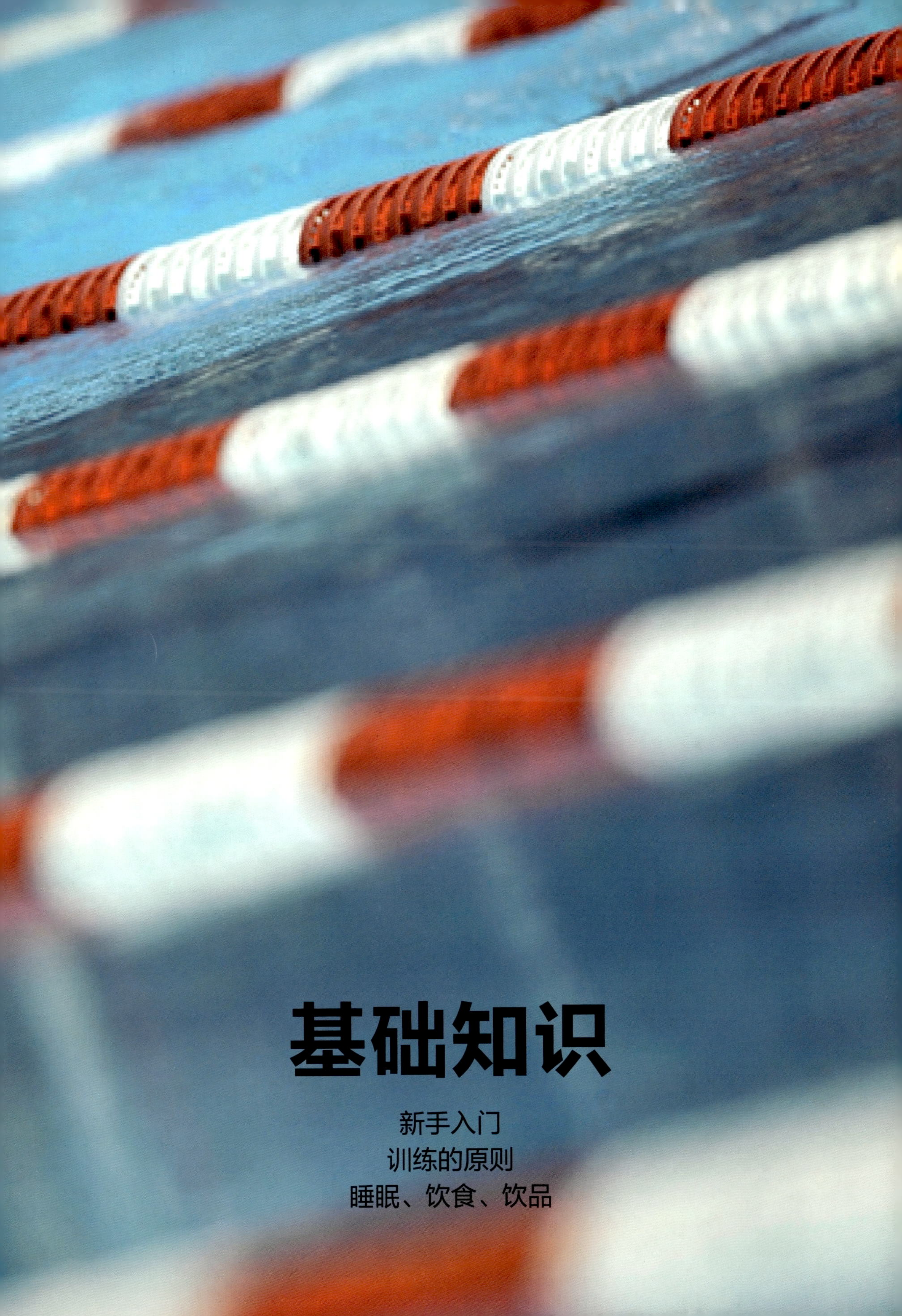

基础知识

新手入门

训练的原则

睡眠、饮食、饮品

新手入门

铁人三项运动将游泳、自行车和跑步融为一体。从计时开始一直到全程结束，根本无暇停顿喘息，所以，你所有的训练安排都需要专门为此准备。多数新手发现最困难的环节其实是从一个项目转换到下一个项目。所以，你平时在训练时练习得越充分，你在比赛当天就表现得越充分。而亲笔列出你每次换项所需要做的事项清单是一个好办法，会让你更熟悉整个流程，以及每次换项你需要去做的各项工作。

请务必花时间去研究学习每一个项目相关的基本技术环节。例如，请一位正规的游泳教练授课，可以帮助你提高诸如划水、呼吸和改善水中的流线性（所谓亲水性）等技术环节，尽管在公开水域进行比赛这些还需要根据具体情况去适应。将骑车和跑步综合起来去训练，会锻炼到你换项所需的腿部肌肉。所以，你有必要在自行车上反复训练流畅的踩踏能力，这里需要强调一句，经济节能的奔跑方式将会让你远离疲劳，从而提高你的整体表现。

练习铁人三项的关键要素当然是耐力。比赛的距离随所选项目不同而变化（见图表-铁人三项的距离），意味着你可以选择参加从2小时到17小时中的任何一档比赛。并相应地安排你的训练，在每个项目上每周拿出一段时间，特别针对你所参加比赛的长度来强化耐久力训练。

铁人三项的距离

短距离（亦称短铁）

750米（0.46英里）	游泳
20公里（12.42英里）	骑车
5公里（3.1英里）	跑步

奥运距离

1.5公里（0.93英里）	游泳
40公里（24.8英里）	骑车
10公里（6.2英里）	跑步

半铁距离

1.9公里（1.2英里）	游泳
90公里（56英里）	骑车
21. 1公里（13.1英里）	跑步

铁人距离

3.86公里（2.4英里）	游泳
180.25公里（112英里）	骑车
42.2公里（26.2英里）	跑步

注意：这些都是被普遍认可的比赛距离，但你还是会发现各种不同距离的铁人三项比赛。铁人是一个品牌名称，所有者是世界铁人三项公司（据显示目前已被中国万达集团收购）。

尽管其他的铁人三项赛也会采用如上这些距离，但它并不是铁人品牌的比赛。

就如室内游泳：距离通常是400米（0.25英里）。

大部分的训练需要以中速完成，可消除疲劳感，并且避免让你的有氧系统过度疲劳。

想要在铁人三项比赛中取得成功，意味着你要正确调控自己、投入更多精力并贯穿其中。

你需要早点儿“加油”，即补充能量，为了你的消化系统保险起见，应在日常训练阶段尝试这些新产品，而绝非在比赛日当天冒险使用。

在你的头脑里，保持节奏和补充能量这两个因素是至关重要的，因为这可能意味着在重要比赛日当天有着非胜即败的重大差别。

在训练中要学会正视自己，认真地问自己一些问题，比如“我接下来还可以用这两条腿来支撑、继续跑步吗？”尤其是在长距离骑行的时候，你可能一下子用力过猛、全力踩踏，从而白白浪费掉至关重要的体能。

最后一点，这个词语经常被提及，但往往却被严重忽视，那就是休息。也许你可以请到世界上最好的教练，添置最酷的技术装备，拥有最佳训练环境，但如果忽视休息的环节，你可能会因此付出沉重代

价。学会聪明地训练，享受赛季里许多漫长而健康的时光，做到驾轻就熟、收放自如。

也要记住，休息也意味着放松，找到充分释放自己的方法，这可不包括体育锻炼本身哟！例如闲来做做园艺、刷刷房子等。最重要的是投入到一项艰苦而有益的超值体验中，享受它所带来的激情和刺激。为此你才能不断锐意进取、乐此不疲。

训练的原则

日常训练所需要遵循的运动原则是旨在帮助你理解训练的过程，并且可以让你规划自己的训练，以便你可以看到一个稳步提高的运动成绩。

针对性：确保针对你需要提高的项目去训练。简而言之，如果你想提高你的长跑水平，就别把所有的时间都花在短距离上。

进步性：身体对训练负荷增长的适应，会让你提高健康水平和竞争能力。

超负荷：训练是助你前进的动力。如果你总是用同等强度、同样的速度去训练，你反而不会看到你所希望的进步。

你需要不断地超出你的肌肉和有氧运动水准，从而改善呼吸系统、运动强度和健康水平。

可逆性：如果你不训练或减少训练强度，你会看到自己的运动水平随之下降，结果是你的整体表现都会下降。

如果你因为身体不适或不能保持训练，停顿了一段时间以后，当你重启训练之时，你就会发现自己的水平下降了。

乏味期：要保持训练的趣味性。如果你发现自己对训练都感到乏味了，就更不情愿练下去了，而且你训练的主观能动性也将自然下降，这将直接导致你降低训练的努力程度，甚至可能跳过某些训练环节。这些最终将引发训练的逆反倒退现象的发生。

当你着手策划你的训练计划时，你可以借鉴国际乒联的原则，为体育精神的本质而努力。例如，为了确保运动进阶原理（Sport principles of Progression），通常都会出现训练过度现象，所以你可以增加自己的训练课的频率，减小每堂训练课的训练强度，或者缩短花在训练上的总时长。

尽力阻止那种疲劳感，一旦你稍感不适，就迅速减低训练强度，从而避免导致发生逆反的现象。

尽力避免运动乏味期的产生，你可以改变当前正在使用的训练方法。明智的做法是你一次只需要改变训练的一个方面，而非试图全面改变。

否则，你的身体每一次训练将面临太多改变，反而会导致伤病。

频率：你训练的经常性

强度：以多大强度训练

时间：训练所耗费时长

类型：所使用的训练法

睡眠、食品和饮品

让你有一个正确的“工作/休息”比例是至关重要的，否则两者安排不均衡引起的过度训练，可能将导致训练和比赛成绩下滑，以及受伤机会增大。

简单说，休息是和训练本身一样重要的。当你变得更加健康时，就如同你坚持获得有质量的休息一样，将使你能够训练更长的时间。

●制定一个时间表：严格要求自己的睡眠机制。

每天都在同一时间入睡和醒来，甚至包括周末，尽力保持至少8小时的休息时间，你随意打乱这个时间表可能会导致失眠。周末很多人喜欢“追加”式的赖床多睡一会儿懒觉，但这会导致星期一早上让人很难早起，因为这样等于重新设定了你的生物钟。

●锻炼：每天规律运动有助于睡眠。但是如果运动很接近你就寝时间，就会干扰你的正常睡眠。最好的效果是，尽量在上床就寝前5~6小时，来完成你的训练运动。

●避免咖啡因、尼古丁和酒精：不要让这些刺激物接近你的就寝时间。必须记住以下食物里面含有咖啡因：咖啡、巧克力、软饮料、非草药茶、减肥药和一些止痛药。

在睡觉前一支烟都不要吸，因为烟尼古丁会直接进入你大脑中的睡眠中枢，从而导致一整夜非常糟糕的休息。

酒精可以减少你入睡所需的时间。但是，就寝前一小时内过量饮酒，会剥夺你的深度睡眠和快速眼动睡眠（对你恢复身体活力最为有益的深度睡眠），它会让你处于一种较浅程度的睡眠。

●睡前放松：如阅读，听音乐，肌肤之亲或洗个热水澡，这些都能让人比较容易入睡。你可以训练自己联想某些与睡眠相关联的活动，它们则会成为你就寝仪式的一部分。

如果你真的睡不着，也不要假装，你也可以躺在床上放松一下或干些别的事情（如上面提到的那些活动）直到你累了，感到昏昏欲睡。

●控制室温：确保你在一个凉爽的18~19摄氏度（64~66华氏度）的舒适的房间里就寝，理想湿度为65%，而且环境幽暗、静谧。

总之，就是常说的：艰苦训练，好好休息。

增强营养有助于及时补给你的训练所需，通过以下方式可以提供正确的营养平衡：

训练中的能量和蛋白质、维生素和矿物质会促进你恢复。如果你没有依照正确的方式达到碳水化合物、蛋白质、脂肪和维生素等营养要素的正常水平，在训练中就会很快感到疲劳，并且无法完全恢复。这些都可能导致疲劳、生病和受伤的可能。其中，水合作用的水平是至关重要的，因为在训练和比赛中身体必须被提升到极限的巅峰状态来拼搏展现。甚至水合作用水平每下降一个百分点，都会损害你的运动能力。因此，你在运动中更要习惯于摄入液体来作为机体的有效补给。

游泳装备

说起游泳，其实就是与一套泳衣和水相关的那些事情。

简而言之，使用正确的装备，可以让你的游泳训练更加高效和愉悦，当然还要根据不同的训练科目添加更多品种的装备。但其实最基本的需求是一套合适的泳装、一副泳镜、一顶泳帽和一个饮水瓶。有些人不喜欢使用泳帽，但泳帽确实可以帮助你改善自己在水中行进的流线性，并且出于安全角度的考虑，泳帽尤其可以增强你在公开水域训练比赛的能见度。

还有其他训练器材，包括打腿板和夹腿浮板。这些器材可以使你区分开每次划水的动作范围，并且让它们独立动作，从而实现专项训练。

你还可以用打腿板来练习腿部动作，从而雕琢完善技术。要牢记，对于三项选手而言的目标是每一个打腿动作都力求经济省力，而为后程节省能量。使用浮板等器材辅助训练可以用来改善你的水中划臂技术。通过隔离出部分划水动作来进行专项训练，你可以让训练变得更具挑战性，甚至尝试只用你原先一半的力量来驱动自己在水中行进。（译者注：游泳本身是一项精细复杂的技术型运动，故少许技术改善通常会是效果明显、事半功倍的）

如果想在训练中做得更具挑战性，你也可以戴上手桨（划水器）；这些将使你对水体施加更大的压力，相应地也可以让手臂和肩膀承受更大的压力，从而得到更多的锻炼。

只有在已经掌握了良好的划水技术和需要把你的训练高度提升到一个新水平的情况下，你方可采用手桨训练。此外你还必须确保循序渐进、逐步提升，以免造成任何肩部伤病。

一旦你确定使用，就应该选择合适的手桨。可以根据你所处的经验水平而选择不同形状和大小的器材，更大的手桨要在划水时施加更大的压力。

你还可以使用一对脚蹼来辅助训练，既可以用于全神贯注的打水动作的练习，又可以用于配合“全浸式”的训练。

穿上脚蹼训练，可以让你的“全浸式游泳”游起来更容易，这意味着你能够专注于行进中的划水技术。这也意味着你能够达成更长的划水距离和坚持更长的时间，从而改善你的划水技术。

记住那种“铁人三项服”，选用为比赛而特别定制的材料制成，可穿着贯穿完成所有三个项目。因为免去了换项中的“更衣”环节，这大大减少了比赛中在“换项更衣”所浪费的时间。

现在就轮到你要好好审视这些器材和方法到底是否符合自己的需求和口味啦。

ZOGGS

骑行装备

正确的骑行姿势

如果你想从自行车项目上收益良多，那么确定你在自行车上的正确姿态是至关重要的。而自行车上的舒适和高效的骑行都始于一辆合适的车。

正确的姿势意味着你能够高效地输出更多能量，而不必启用不必要的肌肉群参与做功。纠正手、足和身体的姿势，对于成功完赛和避免伤病来说是最基本的要求。如果你有背、颈、肩或膝盖部位的疼痛，那么你的这辆新车就可能真不大适合你了。

我们的体型都是因人而异的，每个人有不同尺寸的手臂、双腿、躯干和身体的各个部分。当你想找到自行车骑行时所处的正确姿势时，以上所有这些因素都须加以一并评估。

以下是一些基本建议，将为你提供近乎完美的配置和考虑。据此经验，你可以对这个骑行的姿势稍加调整，以满足自己的训练、比赛需求。

车架大小

现在开始学习如何获取正确的公路赛车车架尺寸，先将自行车架立于地面，你可赤脚站在其一侧。在垂直方向上，从车架上管（俗称大梁）到你胯部的这段间距，尺寸合适的车架相应的是2.5~5厘米之间（即1到2英寸）。

另外，还有一个更为精确的方法去计算车架尺寸，公式如下：骑行者的大腿内侧长度（参考裤裆的内缝长度）x 0.64。

这个公式的结果毫无疑问是正确的，但也需认识到重要的一点是，它仅适用于传统车架的几何构成。这其实是常规的测量车架尺寸的方法，也就是所谓“中心—中心”。它可表示出车座立管的长度，即从底部五通的中心至车座的中心（车座立管的中心线和上管中心线相互交汇处）。其他2种测量车架尺寸的方法是：

中心到顶部

“中心—顶部”表示车座立管的长度，是从五通的中心到车座的顶部。

一般来说，这个车架尺寸应与“中心—中心”的尺寸相近，再加上15~20毫米（大约3/4英寸）。

压缩型车架尺寸

许多自行车制造商专门指定车架尺寸的“斜率/压缩”比，是根据“中心—中心”和“中心—顶部”的测量，而得出的车座立管的长度。

车架的尺寸有时不是由数值表示出来的，而是简明地表示为“大、中、小”。

这种测量方法的问题在于，它给出的是一个复杂的精确计算后一组理想的车架尺寸，除非制造商在压缩规格的测量结果外，还能提供一组传统的“中心—中心” 的测量结果。

以正确的车座立管角度来选择车架

最重要的角度就是车架“车座立管角”。它是车座立管与假想的水平线之间的夹角。它对车座安装位置有着很大的影响，所以在购买车架前，它对确定你的车座的角度起着至关重要的作用。

车座立管角也与骑行者的大腿（股骨）的长度相关。

标准车架测量角是在72°~75°之间。可给出骑行者的平均股骨长度为：把腿伸直膝盖在脚踏轴正上方，在车座上前后运动时只有微小的调整余地为好。股骨越长，车座立管角越小，车座需调整回来的距离就越远。

调整你自行车上的接触点

在自行车上，你身体的重量是以三个点来支撑的：

- 脚踏来支撑你的脚。

- 车座支撑你的臀部。
- 车把支撑你的手。

所以需确保每个位置都正确无误，如下文所述。

自锁脚踏

在你着手调整你在车上的姿态等其他要素之前，首先必须正确安装好你的自锁脚踏。

为了使你灵活踩踏动作效率最大化，以及避免日后膝关节疼痛“找上门来”，自锁脚踏应该加以合理调整，以保证你的脚在脚踏轴中心线的正上方做踩踏画圆动作。

这将令你能够实现最优的能量传输效率，并且使得骑行中产生不适的风险显著降低，甚至在某些情况下完全消失。

调整车座高度

一旦你选择了正确的车架和已经妥善安装了自锁系统，就该好好看看车座的高度了，因为它是自行车上关系到你的正确骑行姿势的最重要的方面了。

车座高度会影响你腿部的肌肉活动，如果车座放置太高，你就会有肌肉过度拉伸的风险。但如果车座放置太低了，会造成股四头肌上的压力偏高。正确的车座高度可长期优化你肌肉的工作状态，并且让你能够最大限度地发挥你的踩踏力量。

你可以实际测量一下车座高度，即从底部五通中心到车座立管所在直线的上部。要计算你的车座高度还你必须知道你的腿长。你的腿长测量方法如下：

1.赤脚直立墙侧，脚后跟、背部和头贴墙。

2.双脚分开站立，双脚之间间距15~20厘米（6~8英寸）。

3.放一根管状物（如塑料瓶），直径约为3.5~7.5厘米（约1.5~3英寸）置于你的裆下（如臀部骑在上面），让它模拟你的车座，并施以同样的压力。

4.管状物的边缘截面应该平行于墙壁（管状物本身垂直于墙壁）。

5.在管状物达到最高点的位置，请别人代劳画线以示标记。

最优法测量车座高度的公式：骑行者腿长x0.88。

注意：这个车座高度的计算是基于Look Keo脚踏得来的，其他类型的脚踏会得到不同的堆叠高度（需查询不同制造商）。这是从自锁系统顶部到脚踏的轴心的距离。踩踏时你的脚越贴近脚踏轴心，便会更高效地把动力输送到你的自行车上。要是你更换了（更适合的）脚踏，你的脚就可能离脚踏轴心更近些。这里如果换了堆叠高度较低的，车座也就需要相应调低。

举个例子，87.5（骑行者腿长）×0.88=77cm鞍座高度与Look Keo脚踏（堆叠高度为17.1mm）。

当你更换类型时，例如，日本禧玛诺（Shimano）的SPD脚踏（堆叠高度为13.7mm）你应该可以根据两个脚踏之间堆叠的高度差，来降低车座的高度。得出高度应是17.1mm－13.7mm=3.4mm，从而给出新的车座高度76.6cm。

如果你想完全改变你的车座高度，可以循序渐进地做出调整。这样你的身体有一个适应的时间！如果你现在的车座高度已使用了很久，你就可以每星期调整车座2mm。

车座的前后位置

车座的前后位置调整在骑行项目中也扮演着至关重要的角色，例如你的坐垫被安置得太过靠后，当你在骑行时脚踏行程到达“三点位置”的最大力度角时，也会导致严重的脚跟降低。

另一种情况，假如车座被安置得太过靠前，就会造成骑行时脚尖过度向下，这将导致损失骑行的力量和效率。（注：也有许多三项选手偏爱车座更多前置一些，因为这样可以留存实力，将肌肉能力充分投入到后面的跑步项目中去）。

以下方法将指导你合理地调整前后位置。

首先，舒舒服服地端坐于车座。固定好锁鞋，以保证脚踏的曲柄和鞋子与地面保持水平（可以请朋友代劳检查一下）。请确保前后轮胎的充气压力是一致的，甚至更重要的是前后地面必须是平整的。

然后，在你的膝盖前面吊一条垂直线，它应该直接穿过脚踏轴心。当此垂直线下降时，有可能会落到脚踏轴心前面或后面，那你就必须按需求沿着座弓轨道向前或向后移动坐垫。而坐垫下面的轨道大约有55毫米（2.2英寸）的区间可供前后调节。

骑行选手向前或向后移动车座后，应该重新检查车座高度。如车座位置的前移，也就意味着你需要把车座稍微调低一些。而反之，如坐垫位置的后移，你也就需要把车座稍微调高一些。

你的车座应该可以水平支撑你全部的体重，而必要时可允许你的身体在车座上来回移动。坐在一个前部翘起的车座上骑行，无论什么时候都不会被视作是个好方法。

然而太多的向上倾斜可能导致压力增加。当你的身体向前滑动时，你实际上是在推动你身体敏感的部位抵近车座的鼻部（前部），如果这前部有点上翘，时间长了之后，可能导致你的健康问题。

后部翘起的车座，在骑行时可能会导致你身体向前滑行，以至于施加额外的压力于你的胳膊、手和膝盖，最终将会导致你受伤。

例如，你通过沿车座纵向轴线放置一个水平仪，就可以轻松地检查车座的水平状态了。

把立长度

最影响你上半身姿态的测定，是车把的延伸和等效上管的长度的组合，即所谓的“reach”。

一个标准的成品车架的等效上管长度与车座立管的长度恰恰相关，同时还与需要此车架尺寸的平均身材的骑行选手上半身姿态的测定相关。

为确定准确的把立长度，可以将你的双手置于车把下沉部分（或至刹车握把的顶端）。你可以舒适地坐在车座上，肘部微微弯曲（地面必须是水平的）。

在这个姿势下，前轮的轴线应该被你的车把中间部分遮挡。如果合理的上管、把立长度组合不能实现105~135毫米（4.1~5.3英寸）时，那么可以尝试一个更大的车架。

显而易见，保持最佳的空气动力学特性的姿态和骑行舒适度的姿势，对于骑行者的躯干而言，这两者不一定总是保持协同一致的。这要取决于你的身体结构、柔韧性和专注度等，为达此效果既可以适当拉长躯干以获得更好的空气动力学和更高的速度，或者可以适当弯曲一点躯干以获得背部和颈部的舒适性，借此可以提高上坡效率。

如果你伸手抓握车把的位置不正确，可以用把立去修正它，而不用前后调整车座位置。

把立高度

把立的顶部要低于车座顶部4-5厘米（1.5-2英寸），这会给你一个非常舒适的抓握车把的位置。随着时间的推移，还可以把把立降低2~3厘米（约1英寸）帮助改善你的空气动力学特性。骑行中放低姿态有助于减低阻力，但也会抑制你的呼吸，并导致你的腰部或颈部可能会有不舒服。

一般来说，较高的把立高度，会让你爬坡做得更好；而你的把立越低，你的空气动力学特性会越好（即减阻）。大多数骑手的把立调校得都偏低，而且很少有人能充分利用他们车把下沉部分（低位握把）的优越性。

车把宽度

对于公路自行车而言，车把宽度应与骑手的肩宽大致相同。

车把太宽会增加骑行时的正表面面积，并导致骑行中的空气动力学特性恶化。

与一般理解恰恰相反，窄车把并不会导致骑手氧气吸入总量的减少，但与宽车把相比，却会导致更多的转向困难。因此，骑行时就显得不那么舒服了。

曲柄长度

大多数骑行者使用170~175毫米的曲柄长度（6.7~6.9英寸）。而较长的曲柄允许你以较低节奏带动较大的齿轮，而短曲柄可通过较小齿轮带动高节奏的运动。正如那些冲刺型选手，需要瞬间的能量爆发，所以他们习惯于使用短曲柄。

同时，那些拥有良好爬坡能力的选手青睐于采用更长的曲柄。

铁人三项用车

本节所提供的信息是面向公路自行车的，因为如果你是刚进入本项运动的新人，你可以先试水一个短距离比赛，看看铁人三项是否适合你？

如果适合你，那么就需要添置一辆标准的公路自行车，或者任何道路都适用的两轮车，就够了。但是，如果你想定期参加比赛，并且有能力为此投入更多资金，后面有些事情就更明确了。

当谈到选手骑行时的身体姿势时，在舒适性与在符合空气动力学之间，二者往往会有些权衡。例如，在短距离骑行时，你可以牺牲舒适性而获得空气动力学方面的改善，以期输出最大功率。而较长距离骑行超过一定阈值，往往会削弱核心肌肉群力量，使背部下方承受压力，并导致输出功率显著下降。

选择你的自行车时，要考虑这些因素。

通常公路自行车车座立管角大约设定在72°~75°之间，并使你的身姿更趋于挺直。

遵循标准的几何原理，骑手的诸如转弯、爬升、气流（应对）等技术技巧会变得更容易施展，特别是在高速骑行中，可以采取更多的精确控制。车把的设计，允许骑手在上、下把位之间快速地切换，以利于冲刺时能量的集中爆发。铁人三项的用车也可以将车座立管角设定为78°~81°之间。将骑手处于更向前的姿态，这有两个目的，一来有利于改善空气动力学特性，二来保持一个正确姿态，认为这样会对在后面一项跑步环节中的肌肉所需有益（减低疲劳程度）。尽管这些是专门为铁人三项设计定制的，但综合考虑成本因素和高超的操作技巧需要，对铁人三项新人来说却可能成为一种艰难的选择。

你可以通过加装铁三休息把，来成功改装一辆标准的公路自行车，使它更像是专门为铁人三项定制而成。然而，唯一的问题是：当骑手采用更前冲的骑行姿态时，他的大腿和上半身所产生的那个锐角夹角。一种解决方案是把车座往前调整，以缓解过度拉伸。但是，请注意有些调整将改变自行车的整体平衡，造成车辆不容易操控。

需货比三家，根据你自己所需，来决定哪一款自行车是适合你的。

在一个了解你的车行老板处买车，他既可以了解你的需求，又可以帮你给出关于自行车安装方面的建议。每一个小的调整都会对骑手有所帮助，包括输出功率、空气动力学特性和舒适性。这将对你骑行的整体性能产生积极和持久的影响。

跑步装备

说到相关装备，跑步恐怕是一般运动里最容易上手的之一吧。

毕竟，从一开始只要有人类存在，就有跑步了——所需要的只是一个安全的、开放的空间和你走出家门。

你要拥有的最好的装备就是你自己的身体，这是你的首要关注点以及最重要的因素。

但是，也有一些注意事项能够增强你的跑步体验，并且帮助改善你的训练，甚至你不需要花很多的钱、添置很多装备，相关的一切就都可以办妥了。

秒表

虽然这是一个非常基本的工具，但在间歇性跑步训练的时候，它的确有助于你保持训练节奏。

虽然没必要花多少钱在秒表上，但是在跑步的大多数时间里，你会发现自己一直在使用它。

心率计

在心率计上你将使用的最重要的功能是测量你跑步时的瞬时心率、平均心率、最高和最低的心率。作为一个跑者，这些对衡量你的训练强度和跟踪你的跑步进展都非常重要。

先进的手表可以提供大量更多的功能，你可以将数据上传到计算机，并生成跑步时的图表和统计数据。有一些价格合理的心率计能够提供给你所需要的全部基本信息。

GPS跑表

这是一个可选的装备，因为许多精英运动员并不借助这样的高科技装备，也可以成功地训练和顺利完赛，而且照样打破世界纪录。话虽如此，但这项尖装备的确很有用，而且会给你的运动带来无尽乐趣。

GPS跑表也是一种很棒的激励工具，如果你有点儿貌似一个统计狂人，从长远来看，再没有什么比跑上一大段路回家更好的了，你可以按每公里划分、自己逐一检查分段数据。手表会显示你奔跑的距离、速度、爬升海拔，以及均值等其他一些数据。一旦你上传，便可以在图表中查看所有这些运动信息。

这点很受用，一般跑者倾向于分享有关于他们所跑过里程的美好愿景。

小小的警告：有些跑者对记录跑表上的统计数据有瘾，不低头看看他们的跑表，甚至寸步难行。这意味着只有跑得如你所愿的一样快，才会停下来，而不是听从你的身体的反馈。

服装

跑步的配件真的是随行就市、多种多样，所以你也没必要在这上面花费太多。你真正需要做的就是准备一条短裤和一件T恤衫，尽管训练时会碰上某些特殊的情况，比方说在暗夜和潮湿的环境下训练，那时你就应该换穿其他类型的衣服了。

在光线不明处，服装的亮色和亮度对你的安全至关重要。还有很多种速干的运动服装，当遭遇潮湿环境时，可以很有效地使身体的潮气吸收并散发出去，而且还可以起到保温作用。

跑步夹克非常适用于寒冷气候下的慢跑训练，高质量的夹克有轻质、舒适、防水的特性，可提供非常舒适的奔跑体验。正常的面料也会具备某种反光条，以帮助你保持安全的可见性。如果你有意在比赛中

穿用铁人三项专门运动服，那你就要确认在参赛前的某些训练时段中已经习惯于穿着它。

跑鞋

好的跑鞋是必不可少的。它们是什么样式其实并不重要，但至关重要的是：必须要选对合适的鞋子，而且穿起来感觉舒服。

你应该请专家分析一下自己跑步的姿态，那自然就能为你找到正确的鞋子了。

这一点如此重要，以至于通常需要被好好地评估；尤其如果你是去参加长距离的训练计划。

一双合适的鞋子还会有助于你避免受伤。检查其中“松紧/切换”等鞋带的选项，意味着你甚至不必系鞋带，并可以加快你项目之间换项的速度。

技术和战术

更灵敏 · 更智慧 · 更高效

基础知识

大多数人其实都曾经接触过构成铁人三项比赛的三个项目之一。对大多数人来说应该就是跑步或自行车。在你们各自擅长的运动中，有些你可能已经有了参赛的经验了。

一向自视健康的你，是否想要开始进一步扩展和挑战自己更多一些呢？接下来可能就会有点挑战。你不仅必须开始重新学习两种其他运动，而且你也必须探索如何将三个项目结合到一起，开始把它们当作一项运动来对待。不管你认为自己多么健康，你将受益于不断改进铁人三项这几个专项领域的技术。

你在游泳、骑车和跑步方面的简单的技术改进，有助于一举减少你比赛时宝贵的几秒，甚至几分钟，但最重要的是要合理地利用你的健康和能量去训练和比赛。

必胜的勇气和决心，在某种程度上可以弥补技术差距，但是，好的技术也可以达到同样的效果——这就意味着你可以把自己的力量积蓄起来，用于最需要它的地方。

简而言之，你是想成为一个训练到极限，在极度失望的时候、跌落到疲劳线上的选手，还是想要更聪明、更流畅地训练，从而在比赛当天看到终成正果?

使用本节获得的基础知识可试图纠正你的两个“弱”项，但也可用来重新审视你的强项，看看是否你可以有改进空间。记住你现在必须跨界三项进行练习了，那就意味着你以前致力于某一项精雕细琢地训练时间将被削减。因此，假如你是以较强的跑步背景进入到铁人三项练习的，现在就可以把你跑步训练次数减低到一周2~3次，而不是5次或更多，那是因为你需要调配更多时间放到你的游泳和自行车的练习上，以期各项均衡发展。

因为好的技术，完全可以弥补表面上训练量的下降。再没有比“换项区”更好的地方，可以把诸多事情一举搞定的了!一步一步从泳毕起水到跨上你的赛车疾驰，然后再从你的车轮到驱动你的双脚前行，或成就、或搞砸你的比赛。

在笨拙的摸索中不仅仅是你失去了换项的宝贵时间，关键是你最后输掉了比赛的激情和节奏。而有条不紊地、漂亮和流畅地换项，不仅可以提振精神，还能集中精力做真正要做的事情上。对我们大多数进入铁人三项的新手来说，游泳大概是比赛中最难而不喜欢的项目。如果你能将注意力集中在流畅的划水，以及正确的身姿、打腿、手的入水和正确的呼吸，即使在公开水域去游泳，也无需担心。

骑车环节是有许多机会可以提高你的技巧的，所以，你将从容面对的各个方面的问题了，诸如从上山到下坡，转弯时、利用气流骑行（在规则允许时）。在每一个转弯，每一次爬升，每一次下降，要力图节省哪怕几秒钟，因为你的比赛时间正在被慢慢消耗殆尽。再次强调，骑行中流畅是第一位的，所以你要尽力踩踏，以消除所谓的“死点”，即在每一个踩踏周期内脚踏在最高处和最低处的停顿（参见42~45页），因为那会浪费太多的时间。

如果你疲惫了，那么高效的技巧就变得越发重要。尤其当你进入铁人三项最后跑步阶段的时候，技术带给你的信心会帮助你克服疲劳，平安抵达终点。

当你在跑步练习中留意那些技术方面的小元素，并学会了解你的身体，洞察身体的运转状况，保持你松弛和放松的状态乃是关键所在。这会让你直到接近终点都保持有良好的状态，尽管精疲力竭也是铁人三项比赛的一部分。

译者注：在铁人三项赛和计时赛中的自行车项目通常是不允许紧跟在其他选手后面借助气流之牵引作用(所谓drafting)来骑行的，也就意味着选手们需要完全通过自己的力量来克服空气阻力而行进。因此所谓利用气流行进，要视具体情况、提前咨询不同比赛的规则来应对和把握。

泳池训练

1 让自己全身入水，稳定地游进，并且不要一味地追逐前面的选手。

2 游进中如被其他选手包围，不要烦躁焦虑，保持放松，不慌张。

3 如果你感觉心率上升过快，可以放松下来，并且呼出肺里的空气，直到下一次换气时，再将你的头浮出水面。

所有的铁三比赛都始于游泳。但是记住这一点也很重要:那就是他们并不会以游泳作为结束。在你的比赛日当天,为了能发挥出最佳水平,一定要提前做好比赛计划,并确保计划涵盖了所有比赛要点,例如从能量的补充到装备的变换。

出发前,列一个全部事项的清单,并逐一标记已准备妥当了。你可能会认为大多数的事项是显而易见的,就像准备你的自行车和跑鞋这种显而易见的事项,但不可思议的是,如果你不写下来这些居然也可能忘记。

当你到达赛场时,即可找到在换项区中给每位选手分配好的空间,并在支架上安放好你的自行车,然后在毛巾旁边按照提示布置好你需要做的所有事项。一定要记住你的存车处与游泳赛道出口相应的准确位置。当你在比赛中到达换项区时,这些都有助你保持必要的专注力。

铁人三项游泳可以在游泳池或公开水域进行。你的第一个铁人三项赛经历很可能是在一个休闲度假村举办的短距离组的比赛。那可能是在室内游泳池中以400米游泳拉开序幕的比赛。

游泳比赛出发时,运动员是分组进行的(分组的大小取决于参赛的总人数,但一般每组30~40人)。整组都从游泳池开始出发,并且每个选手之间以几秒钟为间隙,一个接一个地出发离开。你在出发队列中的位置取决于你事先预估的完赛总时长,较快的选手在第一组开始出发,而以此类推,最慢的在最后。

让身体慢慢地预热起来,可以轻松地快走,也可以轻松慢跑。一旦比赛开始,身处游泳环节,你可能就不会有上面这种热身的机会了。借此你也需要练习并熟悉深呼吸和放松动作,以防止在比赛的最后阶段被紧张情绪所控制。尤其是当比赛临近尾声的时候,更要专注于你的比赛节奏。

对于泳池游泳训练,你可以得益于恒定的水温、既定的泳道,以及平静的水面。尽管视线和方向等问题无须考虑太多,但你需要留意后面和前面其他选手的行进。比赛刚开始可能会令你感觉很不适应,所以要保持放松,不要让它给你造成恐慌。

发令枪一响,就可以遵照自己的节奏,而别只想着拼命追赶前面的游泳运动员,因为这很快就会导致肌肉疲劳。如果你感觉心率上升过快了,那就放松点,专注于你自身的技术。确保头在水下,进行下一次呼吸动作之前,呼出你肺里所有的空气。

当开始进入最后一段游泳的赛程时,你就可以开始预想第一次换项的情形了。你可以尽量放松,以便为下一阶段比赛储备能量。

有一些休闲中心的泳池,池边要比水线高出一块距离,那你就必须具备支撑自己身体快速出水的能力。这也是你在日常训练中应该加以练习掌握的,以便尽量减少赛程中的意外情况,而这本身也会为你的比赛注入信心。

√ 在你出发前,需准备一张比赛日当天所需的各项事务的清单。

× 别力图记住所有事情,否则你反而会忘记一些重要的事情。

√ 出发前要进行轻微的热身。

× 出发时切勿跟你的紧张情绪作对,否则你反而会变得紧张起来。

√ 保持一种稳健的步法节奏。

× 别担心从一开始就全力追赶你前面的选手。

√ 当你接近游泳的结束赛段时,就可以预想一下换项的过程。

× 不要强迫自己尽力完赛,抵达终点,你需从一开始就全力以赴。

公开水域

1 集体出发有时着实是个令人头痛的场面。一定要确保你的身体热度、专注度和放松的状态，那么你就可以真正地蓄势待发了。

2 一套保温泳衣对于铁三选手来说通常是必不可少的。但你也要确保已经穿着它进行了大量的游泳训练，这样你就能在比赛日那天感到非常舒适。

3 安全应该一直是你的第一考虑。除非你一出发时就游在最快的选手们之间紧跟他们后面，否则就需要给你自己多留些余地了。

当你习惯了泳池舒适安全的环境，**而突然来到公开水域游泳**，也许会让你感到大吃一惊。因为这些你平时认为理所当然的情况一下子改变了，例如不再有恒定的水温、良好的能见度和清晰的泳道标志。而公开水域则不然，除了以上因素，还要加上这些压力：例如周围会有好几百号对手与你同台竞争，而且所有的选手都头朝同一个方向拼搏，你就会平添一点挑战的感觉。

即便是在夏天，水温也会有所波动,许多欧洲铁人三项赛事的游泳赛段也会被安排在公开水域，那么赛事就会要求选手必须穿保温泳衣参赛。你需要尽可能地穿着保温泳衣游泳，以便尽快适应这样的比赛。你可以找到一个较好的供应商，并特别定制出铁人三项的保温泳衣。你既可以穿着它用于日常训练，也可以穿着外出比赛。穿保温泳衣对于很多选手来说已经非常习以为常了，所以，千万不要到临赛前的最后一分钟，才想起来使用它！还有，当你第一次冒险尝试穿着保温泳衣入水，请确保你的周围会有人能够提供帮助，以及必要的安全预防措施！

一开始，由于对材料质密性和穿着感受的变化，刚刚穿上保温泳衣在公开水域下水时可能感觉会有点不适应，但你很快就会适应。当水很冷的时候，或者碰巧你感到紧张焦虑的时候，你会发现呼吸有时会受到一点限制。如果碰到这种情况，就先放松，让泳衣天然的浮力支撑你，直到你感到自己能够自信地向前游进。

在泳池和公开水域游泳之间的主要差异在于水中的方向把握——即导航。在泳池里练习，泳道是最显而易见的参照物，并且能见度良好，使你比较容易从一侧池壁到达另一侧，而不会遇到太大麻烦。公开水域却没有这样好的保障措施，需要你不断地重新评估你所处的位置，以便保持正确的航向和赛道。

随着温度的波动异变、天气的变幻莫测，以及游泳选手的举步维艰等问题出现，使得赛程充满艰难和不确定性。对于铁人三项的各项因素，你会发现在日常训练中你越了解自己，那么就会在比赛日当天表现得越自信。

海中的游泳比赛，更会突然遭遇袭来的大浪，而让你顿失方寸、措手不及，这样就需要随时做好应对调整，让你的呼吸适应这种恶劣的环境。

同时，练习两侧呼吸比一侧呼吸要来的更安全有效，也只有这样你才能随时准备应对海面上波涛汹涌的赛况。湖泊和河流表面一般都趋于平静，但比赛中如此众多的选手造成的浪涌，也常常使得大家游起来前行困难。游泳赛段的路线通常是以一系列彩色的浮标来明确标记的，以此会减少运动员受伤的风险和赛场的混乱，比赛的安全员还会承担赛场周边的巡逻任务。但比赛中游泳场地水域情况比较复杂，有时可能会看不清浮标，就不能准确地给出自己的定位。为此，找到可参照的地标或其他明显可见的特征物用以协助导航，看起来往往更具实战性。

在公开水域比赛，保持良好的观察力，可以有效地防止漂离比赛线路，并帮助你提高成绩——即从你的游泳总时长里节省出关键的几秒钟。正如我们大多数人并不住在海边，或者临近一个河湖用于适应性训练，而大多的训练时间还要借助于室内泳池来搞定。这样其实也不错，只要你用心练习自己的观察力，定期地模拟设想在公开水域的环境进行训练。

以标准的自由泳，你的头部通常需与你的身体保持直线，以协助保持游进的流线型和呼吸的顺畅。公开水域游泳需要你划水几次就要抬头观察一下地标或者航向浮标，以保持游进方向始终在赛道上。尽可能地经常练习此项技术，可令你自己的游泳划臂技术能够较好地适应头部位置的改变和换气技术的改变。

你需要习惯于穿着保温泳衣训练入水和出水的感觉，并尽量多参加几个公开水域的游泳比赛。尽管比较麻烦，但在比赛之前，你也必须做一些类似的模拟训练。当你奔向换项区时，就务必要确认出口通道的位置了。对于换项区，确保你可以达到随手找到你保温泳衣背后的拉链这种熟练程度，以便协助你迅速完成换项。

比赛日

一个铁三比赛的集体出发场面简直可以用惊人的壮观来形容。发令枪一响，成百上千的选手随即迅速入水、搅动着巨大的水域表面，而此时的嘈杂和忙乱的感觉，几乎可以压倒一切。

而你的首次铁三比赛恐怕最好不要安排参加如此大规模的赛事，但如果赛场恰好是在公开水域，那么以上我们为了备战而总结的类似需要注意之事项正好会派上用场。

在运动场上你最优先的考虑始终应该是安全。比赛中游得最快的选手都会尽量往前排队，以便尽早摆脱“大队人马”。所以除非你认为自己在游泳环节已经足够快了，那就“紧咬”他们，跟上他们。纵然你也许认为自己是一个很强壮的泳者，但对于第一个铁三比赛，你最好能明智地找到一个靠外围的位置，以便在“大队人马”的游进中轻松地驾驭方向。

准备出发排队时，特别要注意保温，并且积极调节你的呼吸。要仔细聆听赛事组织者的通告细节，以及临出发前的最后关头有可能发生的赛事调整和重要的利好消息。

当一切就绪，等待倒计时，其实你可以利用此机会找出一些参照物和地标，用于赛程中的导航，并借此预见一下前方游泳的情况。

比赛一旦开始进入正轨，就要专注于控制住你的呼吸，且避免在一群选手的“大队人马”中一味地穷追猛打。

当然也不要轻易跟随和遵循前面选手的航向，因为他也可能随时漂离赛道。应该自信地坚持采用你自己之前选定的固定地标、彩色浮标或任何参照物，而努力朝它们所引导的方向进发。

当游泳赛段即将结束时，你就应该开始考虑第一次换项了。正如你的身体已保持了一段时间的水平状态，腿部也会相当僵化，而下肢循环往往受到限制。此时为了提高水流要稳定打腿，避免任何突然加速的动作，因为那样做可能会提高你的心率，增加疲劳感。最后阶段需要跑向海滩“起水”，而在站起来奔跑之前，你需要游得越长越好。跑步或涉水穿越浅滩是非常累人的，甚至可能让你跌倒。但只要你站起来，保持冷静，并迅速地朝陆地方向进发。此时要控制好方法，专注于换项过程和继续下一阶段的比赛。

√ 从一出发可以稍微拖后一点儿，给自己留一点儿空间。

× 别在人群中一味追赶。

√ 可以在地平线上找一个地标，以此引导你的比赛航向。

× 别跟着前面选手游，他可能会游错方向。

√ 一旦开赛，就需要专注于你的呼吸，并且保持流畅地划水。

× 如果赛段拥挤，不必惊慌失措。

√ 在游泳赛程的末段，当你准备出水时，你可以提高打腿的速度，以协助完成游进周期。

× 要避免突发的动作，因为那会显著增加你的心率。

4 在公开水域比赛你必须要学会调整你的划水技术，可以采取经常抬头观察的方式、以保证你始终在赛道上游进。

5 通常选取色彩明亮的浮标起到标记赛道的作用，但你最好是在出发前选定一个地标，以保持参照此地标而游进。

6 在那种波浪起伏的赛况下，你还需要调整你的换气技术。最好要尽力学会使用两侧换气以保证灵活应变。

划水动作

1 每次划水时让你的肘关节首先出水——这样可以让你的身体充分拉伸至更远的距离。

2 游进时每次转头呼吸，都要将头部向侧面置于完整的90度——这样可以避免你呛水。

3 千万不要害怕在比赛中寻求改变，出发后你完全可以采用一种你感觉舒服的呼吸方式。

尽管铁三的游泳比赛中，对选手所采用的泳姿是没有限制的，但几乎所有选手都会采用自由泳（一些新人或某些有时会采用蛙泳换气的选手例外）。请记住，在公开水域参赛你需要磨合适应自己的技术。（见34~37页）

身体姿态

头：你的头的姿态应该处于视线与水面大约呈45度夹角，且水的表面刚好浸润到你的头顶部位。尤为重要的是，头的姿态一直要保持兼顾呼吸流畅和维持身体流线型姿态两者的需要。

呼吸时头的姿态：呼吸时，你的头部需转向约90度。重要的是头部应该尽量少抬起，以确保降低对身体的流线型姿态的干扰。上身的转动会有助头部的转动，而转动的时机恰恰是确保头随肩转的关键。

臀部和上体：在划水时你的肩部应该参与转动，来帮助保持长程划水的作用距离，以及在全程中保证身体的流线型的姿态。当一侧肩膀将要旋转时，在对侧的另一肩膀就要下压。你的肩膀应该旋转至与水面呈45度角的位置，以减少身体在水中穿行时的表面积。同时你的臀部也将跟随肩膀转动。

打腿

自由泳的打腿是重要的技术环节，既可以帮助你保持在水中游进的姿态，又是辅助身体前行的动力。强有力的打腿可以帮助你保持在水面上的姿态。旨在轻松协调和省力的打腿，将不会把腿部的疲劳带至下一个骑行环节。

6次打腿是被选手们广为采用的泳姿，那就意味着每两次划臂或者一个完整的移臂划水周期内就要完成6次打腿。而你的双腿要以膝盖最小的弯曲来保持充分的伸展。打腿是从臀部发力的，并且体会顺着脚趾所指向的方向来放松你的脚踝。

手掌入水

当入水时，你的手应当旋转45度角，且应保证指尖要先于手掌的其他部分入水。

当你的手以这种角度入水，那么将形成以拉伸开始，再达到大鹏展翅般充分伸展的姿态和效果。这样，你的手将尽可能在离头较远的位置入水，保证足够长的划水距离。

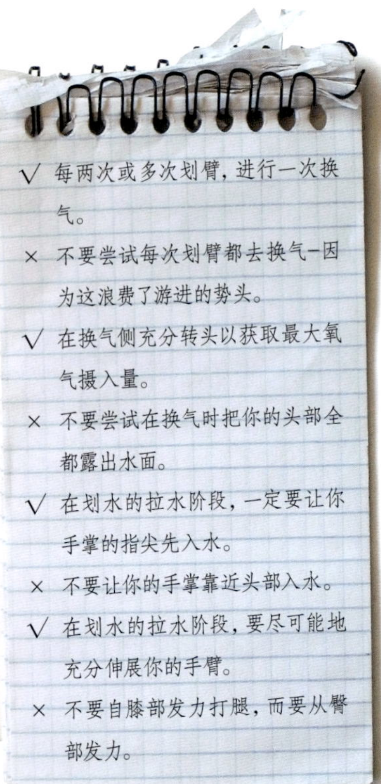

手臂

一旦你的手臂入水，则要尽力在整个划水的拉水阶段保持一个高肘位。你的手臂应该开始向外和向下方向扫过。然后恰好在划水的向后推水阶段之前，向内和向上拉起，而当你的手指离开水面时恰好需划经臀部。

当你的手臂离开水面，肘要保持高位，并且手靠近体侧，此时你的另一侧手臂开始进入拉水阶段。而当你的另一侧手臂再次完全露出水面，你的肘部还应保持高位，且手指靠近水面，你的手臂则要稍稍略过水面而向前延伸出去，以追求一个更长的入水距离。

呼吸

游泳选手们多年来在自由泳中采用了各种不同的呼吸方式，例如每2~3或4次划臂一次呼吸，当然还有例如2-2-3和4-4-2的组合。

那么最通常采取的换气策略就是每3次划臂换气1次。当然这个也被称作“两侧换气”，可以确保有规律的氧气摄入，而不必破坏身体的流线型姿态以过于频繁换气。

而如果采用两次划臂一次换气的游法，就将意味着划水的流线型姿态被破坏的太过频繁了；反之如果采用4次、5次划臂一次换气的游法，这很好地保护了划水的流线型，以利于更好地游进，但随之而来的问题是缺氧的频率却升高了。

而你当正处在起步阶段，或者说如果还正处于建立游泳能力的阶段，那么你应该采取一种让你感觉很舒服的换气策略，而非试图去完全模仿顶级选手。他们在一个400米比赛中，能做到把换气减少到每划臂5~6次才呼吸一次。尽管你已经开始实施一个针对你换气策略的训练计划，在比赛和训练中，如果你感觉需要，也别担心改变呼吸策略。

如果你很久没有练习游泳了，那么训练时你将需要练习你的换气，如每25米一停，还有让氧气充满你的肺再出发。就按这个方式练习，直到你感觉有足够的自信去延长游泳距离到50米或更多。

（译者注：铁三游泳属于长距离项目，故一般不采用三次以上划臂换气一次的游法，因为那通常属于短距离游法。）

4 通过肩部的转动和臀部的跟进，来保持长程和高效的划水。

5 使用“6拍式自由泳打腿”——意为每6次打腿对应一个完整的移臂划水周期。

6 保持你的头部与水面大约呈45度角，以减低阻力，并且保持前进的势头。

译者注：高水平运动员也有采取“2拍式”或“4拍式”打腿的，以减低打腿的频率、节省能量。最后阶段再采用6拍打腿，全力以赴冲刺。

首次换项：游泳到自行车

1 记住你跑过换项区时所需事项的顺序，以减低比赛日当天的焦虑不安。

2 在你的赛车旁放一条毛巾作标记，并且把你所需的比赛物品放置一旁，以便你一出水进行换项，它们就会在手边。

3 确保你在骑行前把头盔的带子系上扣好。最好利用带子，把你的头盔底朝天挂在自行车的车把上。

译者注：由于比赛当日人流混乱，需要关注的事情很多，故比赛注意事项清单是很必要的。本人第一次参赛也列了单子，对照单子换项出发、非常从容有序。其实跑马拉松也类似，只不过是按照距离列出所需补给、如厕、会友、策略，甚至拍照。因为所谓极限运动，比赛日大量消耗后，助记就是要考虑人的反应可能变得比平日迟钝。

所谓换项的目的顾名思义就是更换衣服和装备，并且“加油”补给，然后朝着赛程的下一阶段进发。为了高效地完成任务，你需要保证开赛前所有物品都已按照指定的顺序存放于给你分配的存放自行车的空间内。

“游泳—自行车”的换项常常是最令人困惑的，特别你要是第一次参赛的话，随着赛程展开，疲劳会接踵而来。如果你事前能熟记那些比赛事项的顺序，并且在日常训练中反复演练，就可以大大减少你的焦虑情绪。

在比赛日当天每位选手都要将车挂在一条水平的超长管架上，以码放好自己的比赛用车。为了方便留出一条快捷通道，确认你的赛车要头朝外置于预设好的地方，你的骑行头盔可挂在车把上，并且保持固定带子下垂。有经验的铁三选手经常在赛前就将他们的骑行鞋锁定在脚踏上，但对于相对新手来说这并不算明智。如果你之前还未使用过“自锁式骑行鞋”，那就要确认你能够通过训练来习惯穿这种鞋骑行。

在你参赛车辆旁边放一条毛巾，在你的链条曲柄对面放下你的骑行鞋，要确保你松开了骑行鞋全部的搭扣。

你可以在骑行鞋里撒一点儿滑石粉，再放点儿凡士林以防损伤足部，还有如果你选择穿袜子，可以事先把它们留在你的骑行鞋里面，以便在游泳出水后你能够快速地拿到袜子。

你应该在训练中多加实践换项的整个流程。例如把你的自行车放在车库里或车道旁，并核查那些在比赛日当天可能碰到的事项。

√ 游泳出水后，立即找到你的比赛车。摘掉泳镜、泳帽，并脱去潮湿衣服（如果可操作），且把它们置于分配给你存放配件的空间里。

√ 换上短裤（或袜子，如果你想穿的话），双脚赶紧踩入你的骑行鞋中，以确保搭扣是安全的。把你的头盔戴上，一定要把带子系好，因为不这样做会招致处罚。

√ 确保你的比赛号码已经贴好，并且在你脑后位置能够清晰可见，还有你随身携带的能量胶和饮水瓶。

√ 开启你的比赛车，走着或小跑着踏上赛道。

可以用穿三项服冲个澡或淋浴等模拟的方法去熟悉那种穿着潮湿运动服骑行的感觉，而且可以随时待命而行。如果比赛在公开水域进行，你可以找到合适的训练场地，并且设立一个模拟的换项区。可以请一个朋友照看你的比赛车，当你练习从游泳出水之后连接一段简短的骑行，让你的身体熟悉那种从水中出来变换后的感觉。

要脱去湿衣服是一件棘手的事情，特别是当你游泳出水后会很疲惫，而且还被周围选手们的狂热举动所包围。以一个站立姿态，先把衣服脱到腰部，然后剥落到大腿，最后将双脚拉出即可。

建议添置一个饮料杯安装到你的比赛车上，以便你可以随时补水。在长途骑行训练中，特别是在大热天里，随身携带1瓶以上的饮用水，并经常补水是非常明智的。如果要补充能量胶，那你就只能带饮用水了，因为要是能量胶混合了其他运动饮料很可能会引起胃部不适和消化障碍。

（译者注：好的换项可以在事务清单的清晰指导下，和从容不迫、有条不紊的氛围里做好身边的一切，还可以起到调整体力和比赛节奏的作用。）

流畅的踩踏行程

1 专注于“上拉”动作，在踩踏位置的第3和第4象限阶段（从6点到12点位置），要额外加力做提脚动作。

2 专注于“下压”动作，在踩踏位置的第1象限阶段（从12点到3点位置）。

3 目的是要快速通过踩踏周期的所谓“死点”——12点和6点位置，而且要尽可能流畅。

译者注：保持流畅和匀速踩踏可以维持高效率，但并非容易做到。普通人骑车在第3和第4象限阶段都是松弛、被动放掉的；而在专业骑行里，在此阶段却需要主动发力“提拉”，以协助对侧脚踏的“下压”动作，达到效率最大化。

流畅地踩踏行程是使你的自行车保持前向驱动力的一个重要因素。

我们不妨设想一下这两者的截然不同吧？一个是精疲力竭的骑行者艰难地“敲击”他的脚踏，仿佛他在用重锤要把脚踏砸下来；而另一个则是强健的骑行者却轻踩脚踏，而却把它们蹬得飞转、流畅而有力。显然这两者在踩踏效率方面之差异是巨大的。在我们所知的职业车手的历史上，伟大的自行车运动员都可以根据赛场情况应变而成功地运用各种不同的踩踏技术。

安基提尔·雅克（法）之所以闻名遐迩，不仅因为他取得的伟大成就，而且还因为他是奠定了自行车界踩踏效率基准的非凡选手。安基提尔有着独特的踩踏风格，其中包含许多秘技。他的动作之所以相当符合生物力学原理，得益于他脚踝的独特作用。

正如那些最好的工程师们一直试图从机械的设计和制造方面解决行程中的死点区域，然而最终却是徒劳的。运动员可以通过合理的踩踏技术使他的踩踏行程的有效期和获益期充分延长了，从而减小每次踩踏动作的发力峰值。

工程师们自从研究了生物力学和物理学特征之后，就致力于将它应用于踩踏行程。不过，几乎没有人能够借此原理研发出一款可以提高踩踏效率的产品，从而找到一种机械力学的解决方案。

生物力学专家们研究踩踏效率是要看骑手作用于脚踏的不同的外力，以识别和指导踩踏技术。他们要区分影响踩踏效率的两组不同的外力分量。

第一个分量是切向力分量，它可以把旋转力传递给曲柄臂，并且这是一组推动自行车前进的有效的外力分量。

第二个分量是径向力分量，平行于曲柄臂沿着脚踏的表面，因此只趋向于通过“拉长”来变形，甚至使曲柄臂直接“变形”，而且并不产生旋转力，仅代表无效的外力分量。

关于骑行的踩踏技术，在何种程度上这两种外力分量作用于脚踏将影响到有效的踩踏行程。对曲柄施加更多切向力，并减少径向力是增加你的踩踏效率的最有效的方式。结果是增加了扭矩，即切向力分量与曲柄臂长的乘积。

虽然在骑行时你不会注意到它，但贯穿于整个踩踏行程期间施加到脚踏上的外力作用，在强度和方向上都是连续变化着的。一个完整的踩踏行程由四个象限组成：第一象限向下和向前，第二象限向下和向后，第三象限向上和向后，与第四象限向上和向前，然后返回起始点。

在踩踏行程中你会碰到所谓的“截止点”或踩踏的“顶部死区”。用测力装置分析表明，当踩踏行程到曲柄的顶部的垂直位置，施加于脚踏上的外力趋近于0。而在第一象限，经过踩踏的“顶部截止点”，你逐渐增加你的力量输出，直到曲柄臂到达3点钟位置。在这一点上，你达到了踩踏行程的力量峰值。

在第二象限，从3点位置直到旋转踩踏的“底部截止点”，脚踏上的外力则显著地降低。

而在踩踏行程的第三和第四象限（即从6点到12点位置），骑行者的脚和腿的重力作用却施加了一个反作用力，它会减缓脚踏的上行运动，这当然也造成一个反向力矩。

译者注：安基提尔·雅克，是法国著名的自行车运动员，多次获环意、环法等自行车赛冠军，以独特的踩踏技术风格见长。1964年，雷蒙普利多和安基提尔·雅克在环意赛中的精彩对决，令观众印象深刻。

但是，你需要如何做才能提高你的踩踏能力呢？答案不是简简单单的，因为由物理学和机械力学的诸多变量构成了复杂的关系，所以使得骑手、教练、制造商和科学家们将生物力学原理应用于自行车骑行变得十分困难。但是仍然存在某些因素是可以调节的，并且因此可以帮助你提高你的能力和踩踏效率。

你用于踩踏动作的肌肉组织和踝关节组织的运动是密切相关的，当然还与一些可调节的机械力学因素，比如车架的几何构成、车座高度、曲柄长度、脚踏类型、双足姿态、大盘类型（圆形或者非圆形），等等相关。一个恰当的自行车的配合度，以及合理的锁鞋的配置则是优化踩踏行程效率最基本的需要。（请参照P22~P24页“基础知识”）

为了优化你的踩踏效率，你需要从踝关节的运动中获取最大效益。最佳踝关节运动或“灵活的踩踏动作”包括你的踩踏逐渐从顶部往下压，以及从底部往上拉。

当在脚踏上有向下的外力发生时，那就应该相应地有一个压踵（足跟下压）的动作；那当相反旋转过来，在脚踏上开始有向上的运动发生时，那就应该相应地有一个提踵（足跟上提）的动作。

灵活的踩踏动作的关键是要在踩踏运动的恢复期间内通过踩踏行程中的上拉动作一贯地集中注意力在曲柄臂的杠杆作用上。本技术是通过在整个旋转周期内连续对脚踏施加压力来实现的。在整个旋转周期的最高点和最低点，可以达到在某种程度上消除那些踩踏行程中的“死点”。

可以得出的结论就是一个踩踏行程其实只需要较少的峰值肌肉收缩做功，因为它有效地分散了肌肉的负荷（而投入了更多的腓肠肌群），并且促进了一种流畅和高效的踩踏方式，即你将会以更少的难度，而创造出更多的能量。该技术可以很好地应用于普通的选手以低转速爬山骑行中。但是，如果骑行在高转速阶段，有着快节奏的骑手就不能仅仅考虑踩踏动作了，对他们而言，却要回归什么是做得最自然的，即是最合适和最好的。

通常的骑行者会在踩踏行程中采用不同的踝关节运动。取决于你的灵活性和基本的生物力学原理，你可以采取高足跟动作或低足跟动作。而且你的速度和节奏也会带来很大影响：当然你的节奏越快，你控制踩踏技术的难度越大。比如在140r/min下的一个快速冲刺，脚踏所受的向下外力和肌肉的收缩是如此迅速，以至于你将无法很好地控制你的踩踏技术。

你会注意到当你在平地上以如此高速冲刺时，你的脚趾趋于明显指向下方。而当你在做纺锤状踩踏旋转时（以低阻力快速踩踏时），你并不需要提供大量的能量，而你的双足在踝关节处会倾向于最低程度的运动，这样可保持与小腿呈90度直角。但当你的脚踏变慢时，也许就要更多的能量用于爬坡，或者在逆风中推进，依据踩踏行程的不同点来改变了双足的角度，可以增加能量供给。

低足跟的踩踏技术在爬山骑行中是非常重要的，这时你需要坐在车座的后部，而且一旦掌握了该技术，你立刻就能感受到自己骑行爬坡能力的进步。

译者注：爬山中的踩踏能力是非常重要的，自然本能力的养成也需要在爬坡等山地环境中练就。

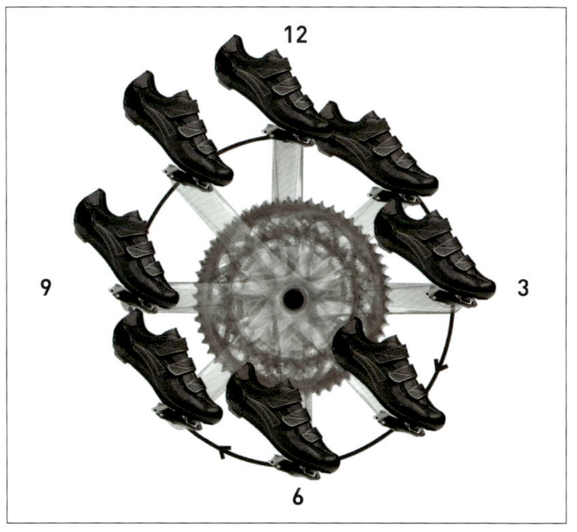

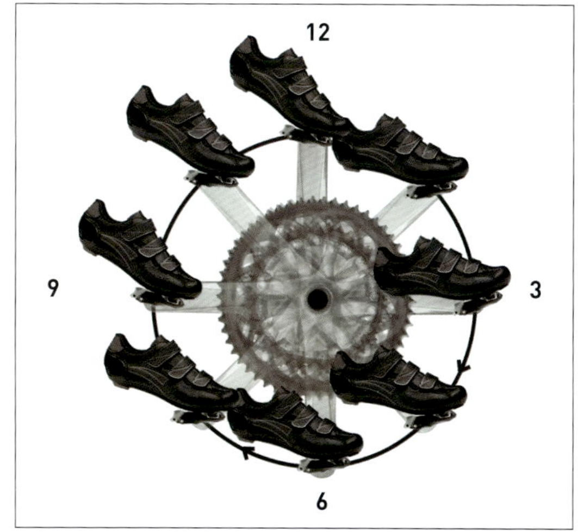

此图图文并茂地说明在平地骑行状态下（转速大于90r/min），是理想化的灵活踩踏动作技术。

请注意这种在3点钟和6点钟位置之间的强烈的“展开”动作，还有在整个踩踏周期内对比骑行上山技术而言所采用的较高的踝关节/足跟姿态。此时脚趾应该更多地指向下方，而且当你加快你的节奏时这种效果甚至会更加明显。

这完全是一种自动的趋势，所以不要尝试去压迫你自然的踝关节运动。如果你试图去改变你踩踏行程中自然的足跟高度，那你将会以让自己无谓地受伤而告终。

记住：你应该在那些基本的踩踏运动范围内去尽力发展灵活的踩踏动作，而且通常在此过程中还应该遵循你本身具备的能力。

此图图文并茂地说明在爬坡骑行状态下（转速介于60~90r/min），理想化的灵活踩踏动作技术。灵活踩踏动作的图示是从1点种位置的几乎水平足部姿态变化到3点钟位置的轻微的足跟下压。足跟下压放低动作应该是随后逐步递减直到你的脚踏到达6点钟位置的最低点，而且在脚踏到达5点钟位置时把脚趾收回。

当你的脚踏到达踩踏运动的上行踩踏阶段（从6点钟到12点钟位置，也被称作踩踏的恢复阶段），你的脚趾应该轻微地指向下方，并且在踩踏行程的8点钟位置以最大程度的脚趾向下姿态使你的足跟向上提升。

利用气流骑行

1 利用气流骑行将节省你高达20%~30%的骑行中的能量消耗。可以利用贴近骑行的机会以获取利益。

2 当你第一次在大集团中骑行时，一定要与其他选手保持一个舒适的距离。50~70厘米（20~28英寸）是一个恰当起始点。

3 把大集团的动向作为一个整体来关注，要比仅专注于你前面的选手强得多。

利用气流骑行就是当你跟在其他选手后面或者在大集团选手中骑行时，可以获取降低气流阻力的利益，因此，你就可以少出力，并且为比赛的后程积蓄能量。至少来说，对比自己独自骑行或者在一个大集团的前面骑行，你可以利用你前面骑手的气流骑行而获取20%~30%的好处。如果你这是在一个更大的集团中骑行，你甚至可以比此情况获利更多。

应该注意的是，骑行时利用气流仅被部分铁三比赛允许，故需事先了解是否有因此违规而被处罚的风险。利用气流骑行也因被视作不“纯洁”，而被一些选手不齿。但是它仍然是一种非常有用的手段，即便是仅仅用于训练，因此也不应被铁三选手们所忽视。

为了今后可以在大集团中自如地骑行，可以先尝试在小集团中骑行起步。一个5~6人的骑行小集团对于开始学习在集团中骑行所需基本技术是最为理想的。起步时与其他选手保持一定的距离会让你感觉很舒服。

当你还不是很熟悉在集团中骑行的感觉时，这个距离意味着无论如何也要保持你的前轮与前面紧挨着你的选手的后轮有50~70厘米（20~28英寸）的间隔。

从你的肩膀到你两侧其他选手的肩膀的距离从出发就应保持差不多同宽，但其实还是可引用“舒适”原则（即以车轮距离为准）。假以时日，当你的信心和技术都日臻成熟时，这个距离的使命也就可以告终了。

职业选手可以摩肩接踵地高速骑行，甚至几乎能擦到前面选手的车轮，但这着实需要超凡的天资和常年的实战训练。你需要学习的，也许就是可以通过专注于那些骑在你前方的选手，从而测量估算与前车的轮距。这其实就如同开车一样。你可以通过目视前方来判断座驾所处的位置，还有好好利用你的周边感觉，而绝非仅仅专注于你车辆的前方。

用此方法，你将会领悟到你的赛车和骑行大集团中其他选手赛车之间的微妙关系。

你还应该尽量避免紧盯你正前方的车轮下方，或者是你自己的车轮，因为那样都是十分危险的。你需要做的恰恰是直视前方。另一条贴示就是，特别是当你离其他选手很近而开始骑行时，不但弥合了队伍缺口，通常还可以跟随你前面的选手，轻微地左摆或右摆骑行，而不要排成一条直线。

用这种方法，你就可以根据其他选手轻微的动作变化，轻松地向两侧任意调整。

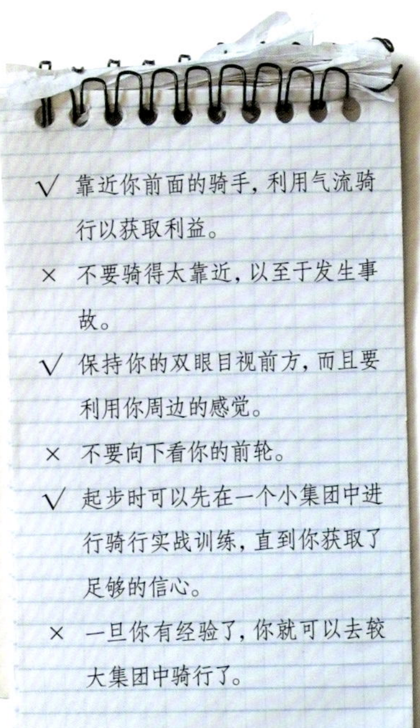

上坡骑行

1 将上坡骑行视作一种挑战而非困难，而且这可以大大提升你的主观能动性。

2 当你主动抬起臀部、离开车座骑行时，要保持身体正直，这样才能顺势将力量有效地下压传递至脚踏，但注意不要用力拉拽车把，以免失衡、发生危险。

3 在你抵达最陡峭的爬坡阶段时，确保你已经将变速器调整到合适的飞轮档位。

译者注：主动提臀、离开车座骑行时，是加力加速的好时机，但也要注意也是易发生事故的时候。

大部分人认为爬坡是一项巨大的挑战，而且自打他们抬头仰望山峰的一瞬间，士气就一落千丈了！但是山地骑行也是训练和比赛不可分割的一部分，还有，如果你真的想要着手减少你的比赛耗时的话，也需要充满信心地去拥抱大山。

山地爬坡可能永远不会变成你最喜爱的骑行环节，但是凭借娴熟的技术、奖牌的刺激性，以及强壮的体魄，你会发现对于山峰和山地骑行来说，根本没什么可怕的。随着时间的推移，你甚至会开始享受这种来自山地的挑战。而且当山地爬坡变成一种挑战，如果你又能真的投入其中，那么你在爬坡骑行方面的能动性将会不断提高。

当你接近山峰，抵达最陡峭的爬坡阶段时，通常就要准备调整好赛车的变速飞轮档位。显然如果爬坡开始时坡度较小，那你就能以重齿比前进，并且可在坡度增加时逐渐调整变换飞轮档位。但是不要贸然以重齿比直接去冲击爬坡最陡峭的阶段，因为那将导致你的踩踏节奏在势头上衰减到一种几乎停摆的状态，而且还要勉强保持双腿继续踩踏。

当你尚处在平地骑行时，就必须在上坡前将变速器调整

到较轻松的档位。当你调整变速后，就已经让链条下降到低档位，于是你可以继续踩踏，但要柔和地释放脚踏上的压力，这样就可以避免链条从里面滑脱下来了。

如果你正处在一个陡峭的坡度上，却以一个重齿比来苦苦攻坚的话，那么此时再释放这种压力就会变得异常困难。因为自行车链条此时已在重压之下，你已被强制进入到一种维持现状的模式，很难释放这种压力，来让你变换到合适的档位上。

这听起来正如一个新手所犯的错误，但是甚至职业选手有时也会发现自己竟需从失速后逼停、重新出发，而面对的是一条长长的陡峭的坡道，而这仅仅是由于一次糟糕的飞轮变换失误。而最糟糕的要算在爬坡途中被迫中途下车，而且你需要手动转动脚踏而变换到合适的档位。

假如你成功地换档而骑行进山，那么你就必须随后从飞轮组中调整合适的档位来应对山地不同的坡度。

骑行上山全依赖你去努力尝试，而绝非追求速度，恰恰要看的是你何时选择换档。

最重要的是在你力所能及的范围内，一直骑行至山路的顶端，要比尽力强迫你自己达到某种不可能保持的速度好。

如果你用一个很高的速度爬坡，你将很清楚，自己很难以如此高的预期速度直达山顶。所以请专注于“适合自己状况的努力”，而不是一味追求高速骑行，这将帮助你保持自己上山的节奏。当你使用心率计或功率计的时候，这些设备能让你更准确地把握自己努力的节奏。

不要试图以重齿比去征服高山而赢得赞誉，以轻齿比保持较高的踩踏节奏其实是更为高效的。兰斯·阿姆斯特朗之所以能成为环法冠军的理由之一，就是他能够以轻齿比和高节奏来让他的双腿快速转动。

为保持速度和追求最大功效的最优踩踏节奏取决于每个骑行者的能力和健康状况，大约在转速60~90r/min。如果转速低于60r/min，你就可以增加每次踩踏行程所用的力量；如果转速高于90r/min，你还一直增加心率，就不会产出任何相关效益。

山地爬坡骑行的另一个重要环节是你手握车把的姿势。一般说来，手握车把顶部的姿势就是用来骑行上山的正确姿势。特别是当你在一个集团的前部领骑，或者独自骑行，那么这种情况将自然地迫使你身体挺直，这会确保充分打开你的肺部呼吸，为你爬坡骑行提供更多的空气。当爬坡骑行时你必须放松自己的身体，并且均匀稳定地呼吸。因为过度的紧张将会影响你的呼吸节奏。

如果你身处一个集团中骑行上山，那最好把手就放在变速器上，因为如果你需要对此集团的骑行速度和节奏的变化做出快速的反应，这样就可以使你随时能够控制到你的档位和刹车。另外一个你把手放在变速器上的优点就是，当你打算离开车座发力踩踏时，这绝对是一个合理的姿势。如果山路变得越发陡峭这姿势将为你提供有力的杠杆作用，当你轻微地左右来回微调摆动车把，就能够使你对脚踏施加更多力量。

为了避免过度前倾，你需要保持力量通过脚踏向下传递至自行车的中心部分。而离开车座的骑行将增加你的心率和给你更多的力量，但此法仅偶尔适用于摆脱山路陡峭阶段或短期改变肌肉做功的状态。

当你爬坡骑行时，你的脚步姿态也是一项重要因素。对大多数人来说，曲柄转至水平位置时，脚也保持水平；而脚部姿态应该在整个踩踏周期内保持不变。

踩踏时你不应该过多改变足部和小腿之间的弯曲状态。有些人倾向于骑行时脚趾向下（正像传奇自行车巨星雅克·安基提尔），而另一些人却习惯于足跟朝下、脚趾向上（正像艾迪·马克斯），但对于大多数人来说，最好的姿势还是水平。

无论你的天生抑或是后天偏好如何，在整个踩踏行程中，应尽力去保持同样的角度。

√ 可以把山峰视作一种更大挑战。

× 不要害怕山地。

√ 以转速60-90r/min的踩踏节奏来骑行。

× 应避免在某些阶段档位过低。

√ 当你爬坡骑行时，要放松你的身体。

× 不要过度紧张，否则你的呼吸会受影响。

√ 当你离开车座骑行时，应保持你的中心就在自行车上。

× 应避免身体前倾。

4 如果你身处一个集团中骑行，那最好把手就放在变速器上，这样你就可以控制好自行车，并且在有需要时快速制动刹车。

5 如果你有骑行的空间，比如说你在一个集团中领骑，或者是独自骑行，那么你不妨手握车把顶部高位来骑行。

6 爬坡骑行的关键在于尽力尝试，而绝非速度。不要只顾紧盯而保持一个过高的速度。

弯道骑行

1 专注于保持你的重心刚好通过自行车的车身。

2 当你进入弯道时，要将你的内侧手臂向前推。

3 当你进入弯道时，要用力踩压你的外侧脚踏。

骑行通过弯道不仅仅是转动车把这么简单的一件事。

倘若是在低速中转弯，那么这种技术就基本够用；但是如果从职业骑手或高水平运动员的角度来审视如何驾驭你的赛车，他们就会谈到另一项技术，即“反向转弯”。

这其实就是你在下坡转弯时需要掌握的技术，无论是以高速放坡，或者在集团中快速骑行。当高速骑行时，你恰恰不能仅通过转动车把来直接转弯，因为那样车就会因转弯过急被弹出去，你就无法依仗它来安全骑行。

所以，当你要给赛车提速，就必须采用“反向转弯”。当你开始接近一个转弯，我们比方说右转吧，你需要踩下外侧脚踏（这时就是左侧脚踏）。然后，你可以用脚对外侧脚踏加压，并且同时柔和地将你的内侧手臂推向前方（这时就是你的右手）。这会让你的车把在反方向上产生轻微的转动，而且引起自行车产生转弯所需的倾斜来开始进入转弯。但也要避免当你在加力时，双手对车把用力过猛；因为这将导致你侧滑，特别是在雨雪湿滑的环境下。相信好的技术定会助力你成功转弯。

反向转弯可以使你的自行车非常自然地进入弯道，而且随后进入合理的倾斜姿态而顺利过弯。

当你加力踩下你外侧的脚踏时，就必须时刻留意你的身体核心和重心需要保持在车座上，专注于直接推进，从而贯穿于全车和底部支架，然后直达地面。特别重要的是要持续专注于将你身体的重心始终保持在中间。

会滑雪的人就会比较容易领悟本项技术，保持你的重心在身体的中线上，这与滑雪的保持控制和平衡的原理非常相似。

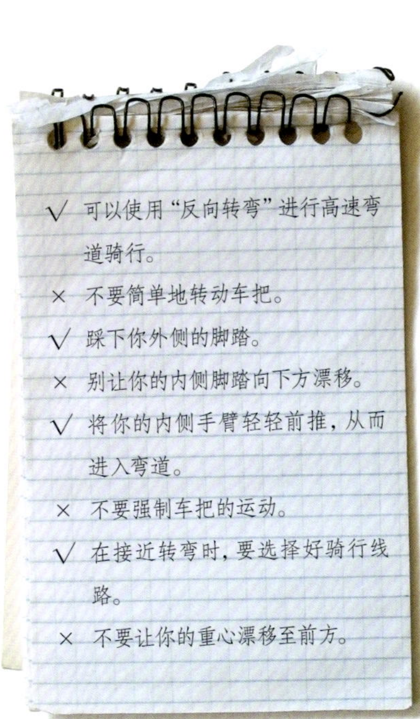

当你接近一个弯道，你就需要选择尽可能能保持速度的骑行线路。该线路应该从接近弯道时的外线骑行，将你引导至内线的顶点，然后当你驶离弯道时再次回复至外线骑行。

显然，在低速骑行时，例如你爬坡上山时，这种“反向转弯”技术并不适用。

下坡骑行

1 可以慢慢增加你下坡骑行的速度，逐渐建立起你的信心。

2 下坡时，你应保持双手抓握在下把位，这样一旦前方有紧急状况，你就能更好地做出反应。

3 采取流线型的姿势，可以降低风阻。

目前有两种下坡骑行的技术你需要掌握：直线骑行和弯道骑行。首先你需要的是良好的技术，其次是要让你强大到战胜自身的恐惧。但这并不意味着要去冒险行事。

逐渐建立你的自信心和提升你的速度，你将学会高速骑行下坡的技术。那些最快速下坡的职业选手会把自己速度推向巅峰，利用每毫米的路段来最大限度地发挥他们的骑行速度。但你其实没必要在比赛中的下坡路段做得如此极端，而学会在高速中如何高效地比赛将会是一个重要的主题，那可以改善你在比赛中的总体用时和排名位置。

在直行线路或非常渐进的弯道骑行下坡时，你可以采取更为流线型的姿态以降低风阻和提高骑行速度。这需要你降低自己的背部、双肩和头部，从而达到一种更趋于水平的姿势。这会使你的背部充分拉伸，而且要求你将身体渐渐地平滑过渡到车座。

你肯定已经看到一些职业选手在下坡骑行时，双手几乎一起抓握在上把位的中部，

用来最大限度减低风阻。这基本上仅是一些高水平选手的尝试。然而节省时间的优势是有限的，但是如果前方路段有情况，诸如遇到石头或坑，却会降低你的临场反应能力。

保持你的双手在下把位，这样就能尽量接近变速器。当然不要试图去模仿那些疯狂的下坡骑行者，他们在下降骑行时甚至连肚子都贴到了车座上，而且双眼紧盯车把，仿佛骑在火箭上一样！

在弯道高速下坡骑行时，你几乎会自动地需要用到“反向转弯”（见本书54~55页）。而本方法的关键在于要始终专注于保持你身体的重心贯穿于自行车的中心上。

以上这点非常重要，因为下坡骑行时，你的身体重心会自然地前倾，除非你专注于保持身体重心靠后和居中。而在极限条件的下坡骑行时，你可以看到职业选手们在接近弯道时会自然地转换到车座上相对偏后的位置来骑行，以保证他们的重心居中，也是一种提升刹车效率的方法。

要记住，你下坡骑行的坡度和进弯时的速度，决定了你前倾的幅度，以及因此你需要做出调整的幅度。

应当注意的是，如果你身体离开后轮太远，就会开始侧滑。渐渐地，随着经验的积累，你将学会去感受身体需要保持在中心的合理的调整量。

在弯道中刹车，由于压力都作用于前轮，也将导致你的身体前倾，所以要专注于向前后两套刹车系统均匀地施加压力。例如，前刹车系统的制动力过大，会增大侧滑的可能，特别是在雨雪湿滑的天气里。

在急转弯之前，争取尽早使用你的刹车，确保以一种令你过弯时不必再次刹车的速度而进入弯道。因为你的车是以倾斜状态入弯，那么轮胎与路面的接触自然就减少了，因此在这时刹车就更有可能导致你连人带车侧滑出赛道。故再次强调，当你逐渐学会以合适的速度进弯，而无须刹车，就会慢慢建立起你的信心。

要记住，尽管世上不太可能有两个弯道完全一样，但你成功过弯的经历越多，就能够更快地过弯，也就能够对此建立起更多的信心。

骑行下坡和下坡转弯是一个试错与纠错的过程，因为当你以时速50公里（31英里）速度骑行时，错误就可以化作一种痛苦的宝贵经验。

最后，考虑到在丘陵和山区环境下你经常会遇到较低的温度。你在骑行时可以尝试穿上一件防风夹克，而且当你即将进入下坡骑行阶段的时候，要养成穿上它的习惯。随着时间的推移，你可以变得非常熟练地快速穿上你的夹克，而且在已经完成了下坡骑行后，你可以赶紧再把它脱下来。

显然，如果气温持续飙升，你甚至可以完全跳过本节。

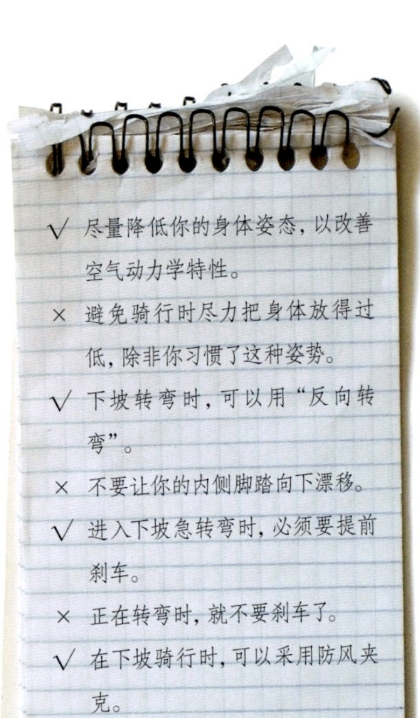

4 当进入到下坡弯道，将会自然地将你甩向前方（即前倾趋势），要确保你位于车上的中心。

5 在进入急转弯之前，就应使用你的刹车，而非在过弯时。

6 下坡骑行时，要均匀地使用前后两套刹车系统，而如果前刹车系统的制动力过大，会增大侧滑的风险。

第二次换项：自行车到跑步

1 如果在骑行阶段的末尾，你已经将变速器调到了较为轻松的档位，以帮助增加血流，那么此时你的双腿终于可以放松了，而且可以为即将到来跑步环节做准备。

2 在跑步阶段的初期要积蓄能量，不要企图去追赶前面的选手。

3 通常要确保你有一个遮阳帽放在换项区你的随行装备中，因为碰上大晴天你将会需要它。

跑步阶段在铁三项目中是最艰苦的，接下来马上我们就要揭示你对它的准备是否能够奏效。

很多有经验的选手来参赛，大多希望在比赛最后的跑步阶段实现超越，但是却发现他们的腿部肌肉在骑车环节已被拖垮。而避免出现这种情况的最佳方式就是要把两项结合在一起训练，并且习惯于这种转换练习。

选手们经常使用大重量来训练加强他们的腿部肌肉，但在自行车赛段的末尾，经过整个铁三比赛的消耗，通常核心肌肉群被用作吸收掉大部分的撞击。那么避免使用自行车上的重档位，转而采用快节奏的流畅的踩踏，可以把你带入一种省力的换项模式。

当你接近换项区，可以换到一个比较舒服的档位，并且转动你的双腿以增加血流并舒缓已僵硬的肌肉。你还可以松开骑行鞋的带子，以助力更快地完成换项过程；但是如果你经验不足，那比较明智的选择就是保持鞋带系紧，直到你放置好赛车。

在自行车赛段的末尾，你会被要求下车，并且一路快走抵达换项区。所以要在训练中加强练习这点，可以利用骑行车道的末段作为下车后的路段来练习，而且要习惯于这种带着你的赛车跑步的感觉。还要注意结束骑行下车时，要下到大盘另外一边，以免打到链条而受伤。

当你一放好你的赛车，全力聚焦在下阶段跑步所需的事情上，并且尽可能镇定地检查那些注意事项。如果这时你想食用能量胶或者能量棒，那么最好赛前就把他们放在跑鞋里，还有在旁边放一个满满的饮料瓶，这样你就可以在换项时尽快补水。

在酷热的天气里，你需要一项带顶的浅色帽子以避免被阳光灼伤，所以也可以在换项区将它放在手头。而补给站会提供饮用水和长距离比赛的运动饮料，你也可以尽快使用自己的补水饮品。

当你离开换项区，顶一轮烈日，为了让心率下降，你可以选取一种你可以一直保持到终点的步幅和节奏。最初的几分钟对于你专注于呼吸和跑步形式至关重要，所以不要被吸引去追赶你前面的选手，而是要尽量保存你的体力。

√ 触线后下车，并且带着你的赛车一路 快走/小跑 抵达换项区。保持佩戴好你的头盔和扣带安好直到你分配的区域，如果不按此规则行事，将招致判罚。

√ 放好赛车，随后脱掉你的头盔。可以做些必要装备的调整，确保你的比赛号码还被贴在你头部的后方，而且清晰可见。

√ 换上你的跑鞋。

√ 随身携带一些你所需的能量胶和运动饮料，然后可以跟随跑步赛道的标志冲出去。

上肢技术

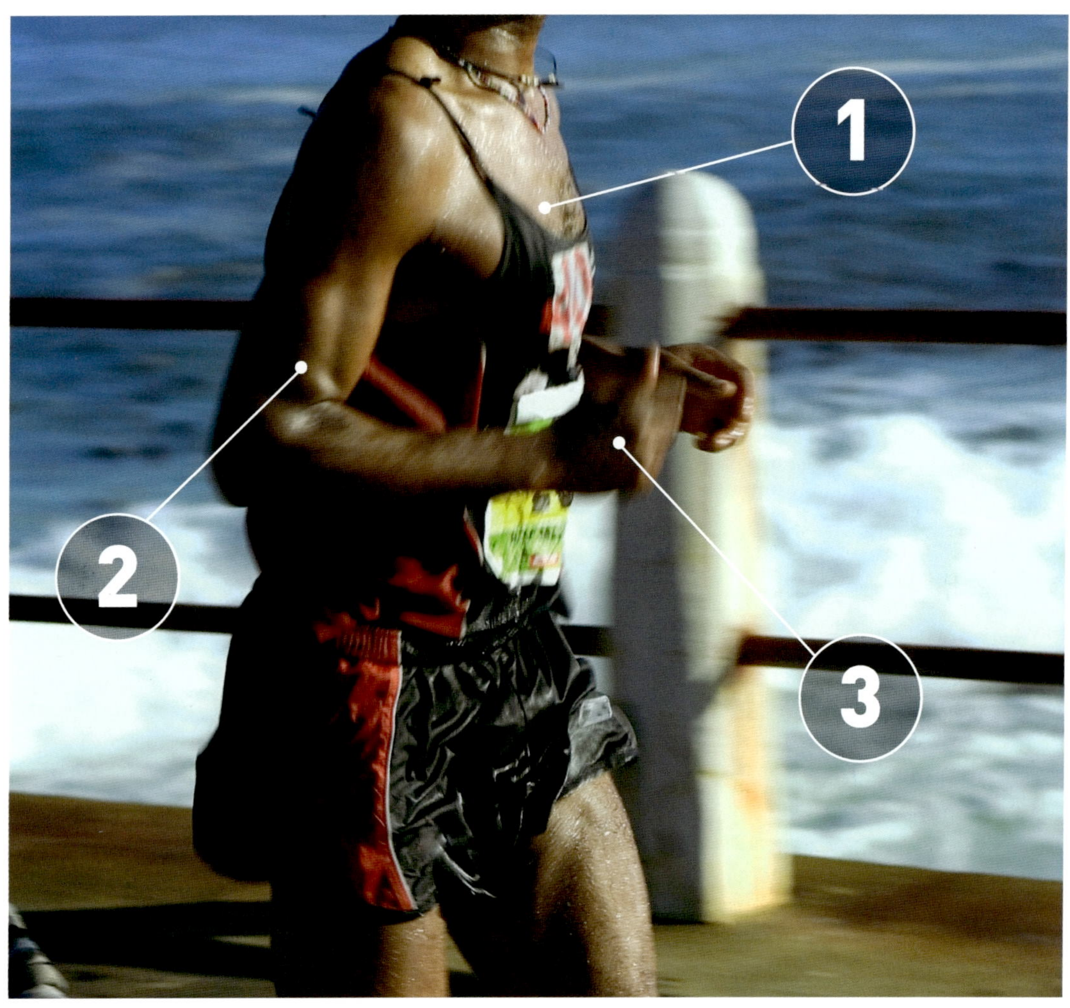

1 保持一个高昂的姿势，就是使你的双肩处于你臀部的正上方，仿佛是在这两点有一条垂直连线一样。

2 手臂应该在体侧轻轻地前后摆动。

3 保持双手放松，就像你用拇指和食指拿了一张纸一样轻松。

毫无疑问的是，耐力跑选手的大部分卖力气的活儿都是由他的下肢来承担的。话虽如此，你还是需要一个强壮的躯干核心以避免受伤，比如在一个短距离项目中，如果拥有出色的摆臂动作，就可以帮助你驱动自己向前跑得更快。

奔跑时你应该保持自己的上体放松。还有保持你头脑的冷静，颈部放松而不紧张。你的视线应该沿着地平线微微聚焦大约在你身前20~30米的样子。保持你的面部，特别是下巴要放松。保持你的肩部放松，而且你的上身需要在臀部以上舒展而高挑地挺起来，这样就不会限制到你的呼吸。尽量不要从臀部往前弯腰，或者干脆下沉到臀部，因为这两者皆会导致腰部疼痛。

√ 保持你的面部放松。
× 不要紧张，并且保持你的下巴处于一个固定位置。
√ 保持你的手臂在体侧，前后轻轻地摆动。
× 避免任何横向的运动。
√ 保持你的骨盆盆底肌肉平缓地收缩。
× 不要紧握你的双手。
√ 从臀部往上保持你的身体挺拔。
× 避免向前倾。

你的胳臂应该与手呈90度夹角，并且虚握拳头，大拇指可轻轻搭在其他四指之上。

因此，要避免举着一个攥紧的拳头跑步，那样紧张的情绪会瞬间传遍全部上肢。正确的姿势就是让这个区域得到放松，可以想象成你正用拇指和食指轻轻地捏着一张薄纸的感觉。

而你手臂的运动应该是前后摆动，而没有横向运动，一旦有侧向的移动将会是低效的奔跑动作。

为了避免受伤，启用你的骨盆盆底肌肉（即是被形象地描述为你常用来克制自己上卫生间的那个肌肉群）也是非常有效的。轻轻地收缩这些肌肉（差不多用力30%），因为这将会帮助你激活核心的肌肉群，可以依次支撑你的背部，而降低受伤的风险。使用你的骨盆盆底肌肉绝对是练习你的核心和交叉训练课程的必由之路。

如你所见，合理技术的关键在于上肢要充分放松，而不要紧张。很多选手，在他们的潜意识里就是要跑得更快，以至于上体过分僵硬，但是这种紧张却只能带来无谓的能量耗费，而且是徒劳无益的。

正如大多数的奔跑方式所述，所谓熟能生巧。所以，当你外出训练时，你非常值得花一些课时来真正地专注于你的上体，以保持一种流畅的、舒适的、放松的运动状态。

值得注意的是，很多出色的选手有时也会打破常规技术规则，尤其是上肢。例如拥有独特奔跑风格的马拉松选手宝拉·拉德克里夫，跑起来时头部上下轻点，显然这种姿势并非来自跑步教科书。

教练们过去几乎理所当然地会去尽力阻止这种头部摆动，而强制采取某种技术的初衷是想助力你跑得更快，但有时反而会招致过度紧张，甚至实际上造成负面影响。

所以，最重要的事情还是要保持放松，而持有一种流畅、舒适的风格。

下肢技术

1 把你的脚后跟抬到高于你脚背的位置。

2 避免让你的踝关节和膝关节内旋和外旋过多。

3 专注于控制与地面最短的接触时间。

下肢姿态

在耐力跑中下肢所承担的任务是艰巨的。

所以，你的动作越是经济高效，就越是节省体力，而相应地遭遇伤病的机会也就越少。其实，你的腿部动作和奔跑的步态是很难改变的，而且你会发现大多数的选手终将故态复萌。你跑得越多，你就越是能够自然地发现自己动作变得更加平顺流畅，也就越是能以更小的代价来换取更远的奔跑距离。

但是，这其中也有一些基本的原理是我们每个人都需要注意的。

很显然，要去检视你自己的奔跑方式确实是件难事；但关键是这样你就能看到自己特有的风格了，因为你将会立即直观地获取其中需要改进的要点，来提高自己的技术水平。

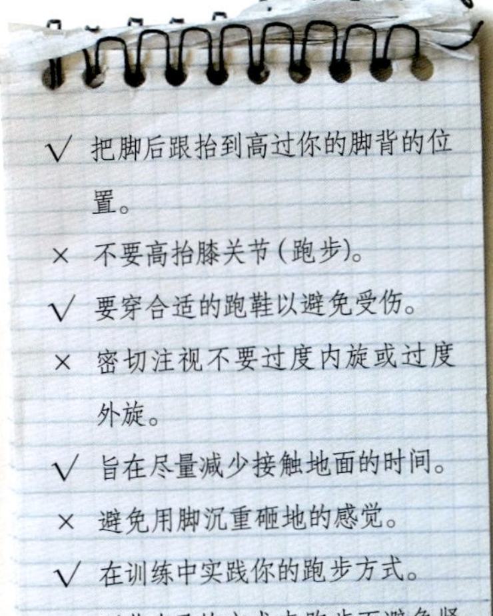

其实最理想的方式莫过于请一位朋友帮你全程随行跟拍训练动作。假如你做不到类似安排，那也有其他办法观察到你的奔跑方式和风格，例如可以在跑步机上奔跑时前置一个镜子，或者干脆变通一下选择大晴天出去跑步，那么一低头就可以看到自己运动的形状和影子。

长距离跑步时你的脚后跟应该抬到高过你的脚背的位置。这可以最大程度地利用你的腘绳肌和臀大肌，以驱动双腿前进。注意，长跑的这个奔跑动作可完全不同于那些短跑运动员在体前大腿和膝盖高抬的动作。

对于超长距离的比赛而言，脚后跟其实无须抬得过高，但甚至一个小幅度的提踵动作，将带给你更高效的奔跑方式。

让双脚跑起来更加轻盈，以及最大限度地减少与地面的接触时间，也非常重要。

然而以较低频率跑步时，就会造成更多的触地时间，所以仍然要聚焦于那种跑起来轻触地面的感觉。试想一下轻盈地掠过地面肯定要远胜于用脚沉重砸地的感觉。

你还应注意你的双脚如何着地的方式，因为一旦跑起来这可能会浪费许多时间。

内旋是发生在你的脚第一时间与地面接触后，你的脚踝向内翻转。内旋，是跑步步态的常规部分，并且能够助力减震过程。问题发生在超内旋（即过度内旋）会导致伤害膝盖、踝关节，甚至背部受伤。

与内旋相对的是外旋，即是你的脚踝向外翻转。

同上所述，外旋也是奔跑的步态周期和减震过程的一部分。

但是过度的外旋亦会导致受伤。

最容易修正这两个问题的办法就是选择合适的鞋。

脚部着地技术

1 前脚掌着地是一种很好的奔跑方式，但此法会给小腿（腓肠肌等）施加很大的压力。

2 脚后跟着地提供了良好的减震效果，但此法常见被慢跑者和大步跑者所采用。

3 脚中部着地跑选手乐于采用那种在减震和速度中取得良好平衡的跑法。

脚部着地

对大多数跑者而言，最好选择就是脚部着地时可以保持你最自然的奔跑方式，而这样的话，即便你跑得再多身体也可以适应。

但是，搞清楚你到底要采取哪种跑步方式也是非常重要的。所以你可以相应地改变你的训练课程。

如果你正遭遇旧伤复发，也有必要检视下是否需要改变一下你的脚部着地环节。

“脚跟先着地”方式可以提供最好的减震性，伸展腓肠肌群，以及将减低“阿喀琉斯肌腱”跟腱上的压力。这种方式其实是属于“机体友好型”的，但却几乎又是慢跑的同义词，而造成挺腰不足，且跨步过大。还有你会看到很多直腿跑的选手，这种方式脚跟着地会很重。

“前脚掌先着地”方式可以帮助你形成一种更经济和快速的跑步风格。

这部分原因是你可以用更少的时间以脚触地，而且会引导你自然地抬起脚后跟而高于脚背。当然这种方式也会使你的踝关节和膝关节承受较小的压力。选手们如果采用了这种方式，就不会有跨步奔跑的倾向，而恰好是把你的脚部（着

地位置）处在臀部的正下方。

但此方式的主要问题在于腓肠肌连续收缩，而且几乎得不到伸展放松的机会。这的确是个重要问题，因为假如你连续作战，持续奔跑4~5小时，就会导致外胫夹、阿喀琉斯肌腱炎和相关肌群拉伤等。

有一些天生就习惯于前脚掌着地的跑者，也会受到ITB（髂胫束疼痛）问题的困扰。如果你是一个前脚掌着地的选手，而且发现很难去改变它，那你就需要加入一些额外的拉伸训练课程，主要聚焦于腓肠肌和ITB。再辅以有规律的运动按摩，将会有效地阻止伤情加重。

“脚中部先着地”方式来奔跑，正如你所预计的，跟其他两种方式相比既存在优势，也会有劣势。所以，可以做一些轻微的小腿拉伸，而不要给阿喀琉斯肌腱和ITB太大的压力。

但是，这还是会比脚跟着地动作略少了些减震。因此会导致在长距离比赛中发生的更多问题，就是因为你双脚长时间奔跑而疲劳，而且从长期来讲，可能会对机体造成更多的影响。

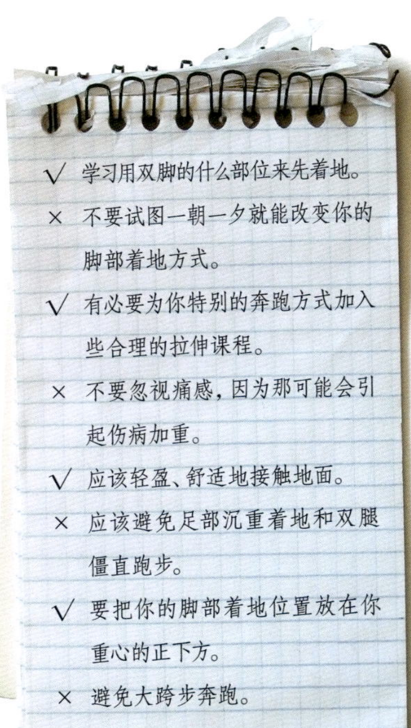

奔跑节奏

1 专注于给双腿“加电”用你的双腿发力，以此提高你的奔跑速度。

2 要把你的脚部着地位置处在臀部的正下方。

3 把你的能量都聚焦于前进方向上，而非上下方向。

有些技术的要点最好把它放在一边。这就如你真实的奔跑节奏，但并没有包含你脚部的着地点。你的脚部着地点应该处在臀部的正下方，这将防止步幅过大，以至于受伤。

这个问题说起来通常跟选手们想尽全力跑得更快有关。如果你采用了较大的步幅，就会发现自己跑得更快。当你发现自己会惹上伤病，诸如膝盖疼痛、臀部和腘绳肌拉伤，当然还有经常跨步跑最常见的伤病外胫夹。

如果你仔细观察大多数精英选手脚部着地点往往正好在他们身体的重心之下，并且他们所采取的步数是大致每分钟175至185（大致每条腿迈步90次），与很多休闲跑选手相比，并不是天壤之别。

那么，为什么他们可以跑得更快呢？原因就是通常这些优秀选手腿部发力更大，所以他们着地时间更短。

这意味着每跨出一步他们的身体都更领先，即便脚部着地位置与普通选手相同。你可以在预热时做个试验来计算你每分钟的步数，然后以更快速度再跑一次。大多数人会发现两次测试他们用了基本相同的脚部着地次数（即步数）。

当你在训练中获得提高，而你也会发现自己跑得更快的这种步调节奏应该是与原来基本不变的。

你会感到自己变得更为强壮，而且腿部发力更大，以至于每一步迈得更远。

要注意，如果造成了臀部肌肉拉伤，或者大腿后部拉伤，那么可能是因为你步幅过大，就要确认一下你并没有把脚部着地点放在重心线之前。为了获得更快的速度，专注于腿部发力更大，那么还要把脚后跟提到脚背之上，尽量缩短着地时间。

你可以想象那种轻盈掠过地面的感觉，而避免重心上下跳动。再有你应该把能量都集中到身体前进方向上，而非上下方向。

√ 将你的着地脚置于你的重心之下。

× 避免步幅过大。

√ 以大致相同的步调保持你的节奏。

× 即便要试图跑得更快，也不要增加步数。

√ 为了增加你的频率，跑起来要把脚跟抬得更高。

× 避免上下跳动。

√ 为了增加步调频率，要减少着地时间。

× 不要拖着你的脚跑步。

上坡跑技术

1 在上坡跑时利用你的摆臂来驱动血流加速，可以帮助你清理体内堆积的乳酸。

2 保持一种舒适而放松的奔跑方式，而你在上坡跑时不得不适当减速是可以接受的。

3 保持合理的技术：即将你的着地脚置于你的身体重心之正下方，而避免步幅过大，试图以非常规方式上坡。

你在上坡跑时会犯下的最大错误莫过于紧张了。几乎鲜有人对跑步上坡感兴趣，但它的确是跑步的一部分。放松你的上肢，避免步幅过大，保持手臂前后摆动，注意力集中在保持脚后跟高抬上。

如果你保持目视前方，就可以帮助你打消紧张感，尽管有些选手宁愿低头看路，那么在心理上他们则看不见前面的山峰。

有些选手也采取缩小步幅和加大摆臂幅度的策略，爬坡上山。这可以驱动血流加速，帮助你清理体内乳酸。

上坡跑常见的错误是身体前倾和大步幅奔跑。这通常是由于试图在上坡时加速，想一劳永逸地熬过这一关。其实还是应该保持以前所说的以舒适和轻松的方式来奔跑。

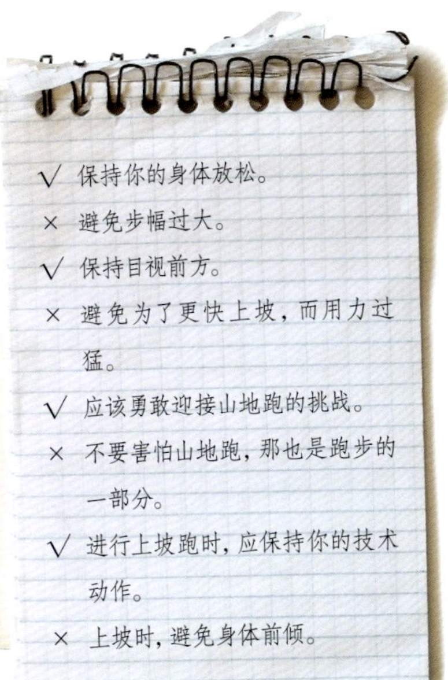

在进行山地跑时，你应该做出的最大调整应该是行进节奏和思维方式。不妨试问自己：我会是那群恐惧山地跑的人吗？通过调整你跑步的节奏，会感觉轻松很多了。

首先需要记住的是，如果你让自己保持在一个适中的强度水平，身体便会运转得更为良好。但要是你总在加运动强度而导致速度上下波动，就会无端浪费很多能量。所以为了保持适中的运动强度，你需要慢跑上坡。

你会本能地将运动强度力推到顶点，而后放松、减弱强度。尽管你会保持节奏平稳，但在上坡时你的运动强度水平（即心率水平）还会随之上升。

当你在平地跑状态下，心率计可以帮你查出每分钟5跳这种级别之内的心率变化。

要记住，一个均衡的运动状态也许更适合比赛日的安排，但未必总适用于日常训练，总之，以此可以助你跑步直达山顶。

艰苦的山地跑，可以提高你的乳酸阈值、腿部力量和意志品质。

你还应该确保已完全征服山顶，并能够自己还能前行“征战”50米。在山地训练中常见的错误是到达山顶后已筋疲力尽，并且速度马上衰减下来。通过保持均匀的节奏，为了后程的比赛，你也可以给自己一个循序渐进的过程逐步降低运动强度，防止你感觉头脑发飘。

这也将给你增添精神力量，所以要是在比赛日，如果你艰难地到达山顶，千万别就此放松下来。这恰恰是一个需要你在比赛中再坚持往前努力一下的时刻。

所以山地跑的关键在于保持你均衡的节奏，保持你适中的运动强度，学会去勇敢迎接挑战。山地跑的卓越之处在于可以增强你的腿部力量和意志品质，并且最终将助你在平地跑上也成长为一名更出色的跑者。

下坡跑技术

1 下坡跑时要尽量加快双腿的速度。

2 让你的身体与山体表面保持垂直。

3 将你的着地脚稍稍地滞后于臀部线。

当你在进行下坡跑时，要尽量单纯地想象成那种叶子般优雅飘落的感觉。

不要过于控制自己，而让你的身体利用重力迈开步伐，朝山底下进军；实际上令人感到轻松愉悦的是，利用天然的重力可以让你保存很多体力。

下坡跑对你的身体来说也相当艰难，尤其是你的腰背和膝盖，都是最吃苦的。但是，如果不断改善你的技术，你就能真正获得信心，日益做得更好。所以循序渐进，你将找到自己更快地跑步下坡的方式，而且尝试付出更少的代价，也能避免一早就带着关节疼痛醒来的痛苦。

下坡跑需要专注于让你的身体与山体表面保持垂直，还要避免你自然后倾的倾向。因为后倾会导致你腰部将承受更多的压力，你将消耗更多的体力。

保持驱动你的身体持续前行，并且确保你身体的姿态挺拔，还要避免跑起来拖沓着脚跑步。下山跑和平地跑的主要区别在于你应该将脚的着地点略微置于你的臀部后方。

有别于正常技术，将你的着地点置于臀部的正下方，如上做法却可以使你脚部着地点稍微地滞后于臀部线，以减少一部分冲击力，使你能够充分地利用这种重力的势能轻松下山。

很多选手在下坡时也会提高他们的节奏，因为这样做能够减少对关节的冲击力，而且同时提高了步频。当你第一次如法炮制时，也许会感觉下坡时有点失控，这就是你要去亲身实践的技术环节了。首先你可能会感觉自己就像一头大象一样跌跌撞撞地循山而下，但假以时日你又会感觉自己犹如掠过地表般轻松流畅，并且得益于这种下坡时自然产生的动能。

很多类似技术，需要你从自己的潜能里面多激发出来一点信念和信心。例如在下坡跑时我们也会本能地刹车停止。

每种技术每次都拿出一点时间来练习，这样你就会慢慢找到你自己的风格，进而在整个比赛中节省大量时间。

下坡跑时你通常会注意到你跑到的区域。当你飞速奔跑、努力前行，那么就会近乎失控状态，这种情况要做一个急刹车都会很难。

你还要注意前方有何情况，例如道路坑洼，还有行进线路上的单侧占道，或者是你需要躲避的其他障碍物。

如果你已经成功踏上了顶峰，那么就要保留一些体力、准备在下坡跑时真刀真枪地好好实践一下了。

大多数选手在出发后，就已经拼尽全力才到达山顶，然后自然也就没有足够的体能储备来应对下坡阶段了。

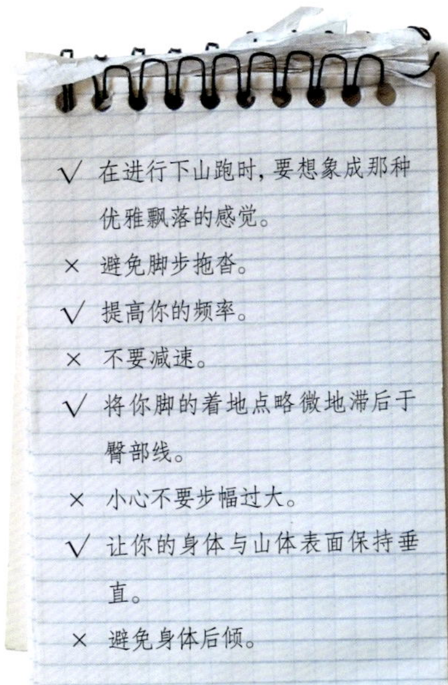

健身和训练

更快速 · 更适合 · 更具激情

强度区间

规划合理的强度区间可以让你保持在一个合理的运动强度。当你开始启动一堂训练课，重要的是要清楚你训练的缘由是什么，你这堂课的训练目标是什么。在此过程中你究竟希望你的身心达到什么程度?

最不现实的想法莫过于：你可以逼迫自己每时每刻都能百分百地投入到水上和陆上训练中。这就是为什么训练科目的安排总是从轻度的训练量开始，然后负荷循序渐进地增加。尽管训练量是逐渐增加的，但仍旧需要几个星期负荷量逐渐减小的周期，来让你的身体恢复。

许多计划取决于你的训练情况。如果你要为一个项目提前做准备，那么就要非常清楚在不遭受负面影响情况下你的身体情况究竟能承受多少。如果这是你第一次经历一个比较系统的训练计划，或者是第一次针对铁人三项的训练，那么你应该尽力去遵循你制定的训练计划，而且多加保重，以免半途而废（见80页，过度训练和目标过高）。

有关于以合理的运动强度训练还有很多积极的因素。从长远来看，提高训练的不同方面将令你在意志上和身体上变得更快速和更强壮。在合理的强度区间范畴内发力用功，即便是你只是在自己单练、少有或没有外力支持，也可以让你像职业选手那样备战。

这一章我们制定出的很多计划是基于心率监测仪。如果你训练时不使用心率监测仪，那么你就需要参考一种我们称之为自感用力度（RPE）的指标。设想范围是1-10。1代表很微弱或是无效，而10是你最大的出力值。当设备上显示出心率的百分比，简单地把这个数值除以10，就会得到一个属于你自己的正确数值（例如最大心率的70%~80%应等于7~8自感用力度RPE）。

你的心率监测仪通常将会为你自动地计算出合理的训练强度。如下的等式包含了那些监测仪中所没有，还需参考一点你的背景信息以便监测仪来开展工作。

（220—你的年龄—静息心率）x运动强度百分比+静息心率 =目标强度区间

例如：一位30岁的运动员，静息心率为每分钟70跳（bpm），运动强度则是以最大心率值的70%来训练，计算如下：

220-30-70=120

120 x 70% =84

84+70=154跳/分钟（bpm）

重要的是，要记住你要比心率监测仪更好地了解你自己的机体，所以当你感觉不舒服或头晕，而且心律还偏低时，那就要听从你的身体，降低运动强度，甚至及时停止运动。还应该注意，确定你的目标强度区间之前，你就应该让自己充分地预热，从而给你的心率多一些时间以攀升到正常的训练水平。

耐力训练

（最大心率值的60%~75%）

这种运动强度通常会贯穿你的大部分的训练。你可能还听说过这个也被称作“燃脂区”的概念，基础训练或者是无痛训练等。凭借良好的技术和“无损伤”的身体，你就应该能够保持状态，并长期在此强度区间内。

以这种较低的运动强度水平，你的身体是可以应付得了大段时间的训练的。而你的身体也不应当被置于太大的压力之下，而是要让自己把精力集中在练就完美的技术。

在这个区域内你将投入很长时间的艰苦训练，而且这也将打下一个良好的基础，不单是对训练而言，也是对机体本身。

从物理上来说，你的身体得益于一颗强健的心脏，还有增长的血红细胞携氧能力，来帮助你的身体有更好的表现。通过持续不断地重复正确的跑步动作，你的肌肉将很快记住要做什么，还有就是在身处疲劳的时候，能够真正帮助来保持良好的技术，这可以最大限度地提高速度和效率。

恰恰也是在这个强度区间你的身体可以燃烧掉很多的脂肪。通过在较低运动强度等级上的训练，你身体消耗的能量的主要来源将会是脂肪。因为你可以以较长的时间来维持这种较低的强度水平，而且此时你的主要能源就是身体的脂肪，这时等于会有大量的身体脂肪被燃烧掉。

这对于大多数人来说无异于一个好消息，不仅可以很有成就感地看到自己“体脂率”的下降，还能把你塑造成一位更好的选手。在坚持了一段时间的训练课之后，你还会发现当心率保持在相同强度区间内时，你也能跑得更远了。对有些人来说，这种现象会来得非常快，而且快速地看到有成果回报真的会激动人心。

无氧能力 / 乳酸阈值

80%~90%的心率最大值以上的百分比值其实就是一个指导原则。唯一一种途径可以真正地确定你准确的乳酸阈值，就是在实验室里以试验测定。显然我们中的很多人都不具备这种条件，因为一方面价格昂贵，另一方面还需要采血。

而你另外一个最佳选择就是做一个对自己的时间测试。你可以在强度最大的训练中设置一段距离，完成20~30分钟的一个挑战，然后获取你在此期间的平均心率。如果你在测试中感觉半路力不从心、无法继续，那就不能继续，归结于肌肉的疲劳，抑或是你的肌肉已在“燃烧”，那么不妨停下来看看此时你的心率如何，因为这恰恰是关于你的乳酸阈值的一个好的指示。

那么究竟发生了什么？而且为什么会有此现象出现？就此抛开纯技术层面，当你以这样的运动强度训练时，体能消耗的主要来源就是糖原（平时就储存在你的肌肉中）。而糖原的一种副产品恰恰就是释放出来的乳酸。一旦这种乳酸堆积到一定的水平，你的运动能力就会显著下降。所以一定要在合理的强度上训练，这样才可能提高你的（耐受的）阈值，那么你的身体也才能更高效地应对乳酸的释放。

而这种训练方式可以明显地加强你的运动能力。尽管它比起耐力训练，总量要小些，而围绕着这组阈值来训练，可以增强你的能力，以更快的节奏和更低的心率去跑动更长的距离。这种较低的心率意味着你可以产生更少的乳酸，而且可以减缓肌肉疲劳并能持续运动。据此你将非常惊讶于这些收获，那就是你的身体也可以适应这样的训练等级。

“红线区”

最大心率值的90%~100%

固然这个区域很少被用于耐力型运动员。它主要被用于速度型和间歇性的训练中，而且尽管你非常健壮，但也仅能维持很短的时间。这里特别指出的是，要注意心率值有可能因为其他因素而引起升高，还会导致你相应地调整你的强度区间。

脱水、炎热和海拔高度都会导致心率上升，差不多在7%~10%之间。

●使用强度区间的更多信息可详见141–143页。

过度训练和超负荷

对于疲劳的敏感度在运动中是非常必要的，因为它会让你了解到你正在调动自己达到生理极限。训练是为了提高你的运动机能，而你的身体一般来说会对这种“被调动”给予正向反馈。但是在某些条件下，例如，你的身体被过度刺激了，或者被错误地刺激了，你就会遭受反向效果。

疲劳的等级

1.第一级疲劳叫作低血糖，该术语用作描述处于异常低水平的血糖值。一旦你耗尽了你的糖原储备，又没有消化吸收足够的碳水化合物来加工更多的血糖，而仍然继续训练和比赛，你就会面临此状况。

2.“训练后疲劳”是连续几小时剧烈运动之后的一种自然反应，它可以表明你正在调动自己到达正常训练水平的极限。

3.“超负荷”是下一步随之而来的，会伴随着运动能力下降，而演变为一种高强度训练期后的结果，有着如那些一般性疲劳类似的症状。适量的恢复会让你变得速度更快和更强壮。然而，这可能也是一个警示。

4.“过度训练”会造成人体虚弱和长期的疲劳（经常持续数周，甚至有时数月），而且是一种运动能力的退化而非能力激发。在数量和强度上“过度训练”会导致一些不可避免的后果。

首先，如果训练过猛或者训练过量，你的免疫力将变得非常低，会让你容易感染疾病。可能一个小小的感冒就会令你在备战过程中倒退很多。那你可能不禁会惊讶于那些顶级耐力项目运动员究竟要保持健康无病多长时间。

而你需要面对的其他问题即是伤病了。在训练中“过度使用”你的肌肉，比如你在一遍又一遍地重复同样的动作，往往就会更易导致受伤。

“耗尽”是另一个需要考虑的关键事项。如果你在每堂课上都尽可能全力以赴，并尽可能延长时间来调动自己身体去训练，最后反而却可能发现你自己一点都不想再练下去了。那么，不妨在每堂训练课上再另设一个目标，当你每次穿戴好训练装备，将会帮助你在心理上做好充分准备。

如何防止“过度训练”

最常见引起“过度训练”的原因是：过度增加训练负荷，恢复时间不够充足，不良饮食习惯（碳水化合物或其他营养元素不足），旅行因素，以及训练中缺乏丰富变化。

所以，你将如何防止“过度训练”？无论在长期和短期，你都需要在训练和恢复两者中间取得一种平衡。那就意味着在几个星期的高强度训练之后，运动强度需要降下来一段时间（通常为一周），另外可以再奖励自己几天额外的休息日。这个用于恢复的一星期的目的，是让你自己的机体完全地再生。

大多数训练计划每周会包含1~2天的休息日，或者一两天的轻松的训练，让你有时间调整恢复。一成不变的训练计划、没有高低训练量/训练强度交替变化的周期也会严重增加“过度训练”的风险。关键是要做好你自己的训练计划，可以偶尔“超负荷”，但不要“过度训练”。你的挑战就在于找到属于自己个人的训练极限。

打造游泳耐久力

你在训练中会犯下的最大错误莫过于把铁人三项视作三个分离的项目。

如果你仅仅是游完泳，然后冲个澡，丝毫也不想你后面的自行车骑行，就大摇大摆地回家；那你就会给自己今后的训练和比赛埋下隐患，当然同理你后面的骑行和跑步训练也面临一样的问题。

在每个项目上每周一次的长时间训练，过一段时间以后将会增加你的有氧代谢能力，并且打造耐久力。比方说，在接近长距离游泳的尾声时，就要密切注意你的疲劳和辛苦程度了，特别是自己的呼吸。在这些训练课上要避免推进过猛，而是要专注于保持一种你可以长期坚持的稳定的节奏，而非造成筋疲力尽。

很多游泳选手青睐于猛烈和快速的方式，也许那更适合于一个50米冲刺而非铁人三项，最后却会以体力耗尽而告终。一个好的练习方法有助于建立一种轻松、流畅的风格，这就是去计算你从泳池的一边游到另一边的划水次数。假以时日你就可以把目标锁定在逐渐降低划水次数上，那就会注意到自己究竟感到轻松舒展了多少。

通过降低你的划水频率，让手掌每次入水后可以在水中滑行得更远，从而避免浪费体能；而且，这能够更好地缓解你在游泳环节上的疲劳程度。应该伴随着手掌每次入水而自然地转动你的肩部和臀部，充分伸展到你前方的水线之下，这就好像你被拉拽向前游的感觉。

保留一下你每次长距离游泳的里程记录，而且你也可在训练课上循序渐进地增加距离。而要把每次的提高视作一个测试来看看自己以何种节奏来应对，以及始终要带着一个重要问题“我现在还能凭借着这双腿来继续骑行阶段的征程吗”来完成训练。

请记住在赛前的训练量上要轻松地回调一些。在最后的两周时间里长距离游泳应减量50%左右，以保存体力、养精蓄锐。注意不要犯下那种经典的错误，就是在比赛之前还去尝试长距离、重体力训练；因为这将会毁掉你数月以来的训练成果，并且会在比赛中抑制你的正常发挥。休息亦是任何训练计划中不可或缺的一部分，所以需要确保你已将这点提前列入你的训练计划中，而且要学会去照顾自己的身体。

可以利用你的空闲时间来放松和调节，还可以选择那些适于解压的消遣和爱好，诸如读读书、听听音乐和舒舒服服泡个热水澡都是很好的调整。

打造骑行耐久力

作为铁人三项最长距离的项目要数骑行了，所以要相应地制定你的训练计划，而且要习惯于在车座上坚持一个合适的时间量。

你可能有过腰部不适和腘绳肌紧张经历，特别是在较长距离的骑行中；如果你做到放松一些，而且在训练中只是循序渐进地增加距离，但这也会很快地消失。

首先要确保你买来的自行车与你的身型尺寸是匹配的（见20~24页骑行装备一节）。引起选手不适和伤病的主因之一就是装备组件的尺寸有误，而造成肌肉过度地拉伸、长期用力而疲劳。

可以对一些部件仅做出一点轻微的调整，例如车座高度，或者曲柄长度，并且要花一些时间，慢慢地适应这些变化。

在长途自行车骑行中，要同样专注于骑行节奏，并尽力保持一种流畅和连续的踩踏动作。

顶级的骑手经常以超高的频率踩踏旋转，但在训练的初级阶段就尝试去追求这点却可能适得其反。那么你也可以找到一个舒适的折中点，采用一种不会让腿部肌肉过于疲劳的变速档位，并且为你下面的跑步环节保存大量的体力。

空气动力学车把让你以一种更加符合空气动力学的姿态在赛车上骑行，在技术上令你骑得更快，但首先要确保你在训练中适应这种姿势。长时间以弯腰驼背的姿势骑行将导致腰部压力，还会削弱你的核心肌肉群。为此可以安排有规律地休息以改变你身体的运动姿态，也可以通过柔和的拉伸以缓解肌肉僵硬。

某些突发因素也许会让一次长时间、休闲的骑行转眼变成一次严峻的耐力性测试。这些情况诸如逆风、侧风、暴雨和季节性的冷热变化，都能让骑行过程变得更具挑战性。你要确保一开始就已经为极端气象条件做好了准备，并且预先对你的装备等安排做出必要的调整。

前述已经有很多关于在运动中水分摄入的话题，尤其是在炎热条件下较长时间训练期间，为了要避免出现机体脱水，应该随身带好水和运动饮料。而同时也要避免饮水过量，因为在极端情况下这可能引起低钠血症（即水中毒）。

山地赛道可能会成为你焦虑担心之所在，特别是在比赛中非常疲劳的时候，而骑行之后，随之而来的还有跑步阶段。

如果比赛过程中有山地，那么你就要针对山地而开展训练，并且学习那些节省能量、而非浪费体力的先进技术。对于那些手足无措的铁人三项骑行新手，可能就要为中途的滞留不前而埋单，因为此时站立反而会给腿部肌群增加压力，从而加速疲劳。

还要学会熟悉更换轮胎和补胎。所有骑行者都会对中途轮胎漏气而心有余悸，尤其是在比赛中遭遇这种尴尬的经历，就特别容易让人泄气和丧失信心。

为此，你需随身携带一个备用的内胎和一组撬胎棒，要学习尽可能快速地更换轮胎。

打造跑步耐久力

针对长跑的训练目标跟自行车训练一致：打造耐久力和增强有氧运动系统。

要记住铁人三项的跑步环节还与其他的运动项目不同，那就是要求你从一种疲惫的状态下来开始起跑，因为在前两项中已经消耗了大量的体能。仅仅由于此原因，节奏把握就成了首要考量因素。

你可以在休息的日子里来安排长跑训练，而不是在一个自虐性的艰苦的拉练骑行之后（除非你能在路上巧遇“铁三巨星凯文·慕思”正在备战夏威夷铁人三项赛）。耐力跑训练的目的是要培养良好的节奏技术、打造耐久力，以及循序渐进地延长奔跑距离。

结合了“骑行和跑步”的训练也不失为一个整合的训练，但最好把它们视作各自单独的训练，而在两者之间安排适当的休息。

心率监测仪是一个非常出色的设备，可以告诉你自己训练有多努力，但是也别忘记了人体自身内置的意识系统。而“对话测试”恰恰是一种简单而有效的方法来测试自己在训练中的疲劳程度，并且你只需隔一段时间重复一个短语。如果你能够大声说出这个短语而未感到呼吸困难，就算通过了测试；而反之如果不能，你就需要相应地调整自己的节奏了。

试着在与你出发时一样的身体状态下完成你的长距离跑训练。

这可以给你两个双重目标，一个是打磨节奏技术，二是建立信心，以及给你一个特定的瞄准目标。而用这种方式打造毅力，尚需一些时间，所以要有耐心，不要着急。

训练首先是为了距离，然后才是速度。

这条古老的训练箴言几乎适用于所有耐力性项目，尤其适用于铁人三项具备三项合一的复杂度。速度本质上是一个“副产品”，其质量被基因所影响，而且可通过增强健康、毅力和耐力水平来逐步提高。

你跑步的方式无疑将影响自身长期的训练结果。保持经济的节奏和降低受伤的可能性，就要缩短你的步幅和提高步频。这将有助于减少冲击压力，并辅助你前行。

“加油充电”是耐力性运动最重要的方面之一，而需要加以深思熟虑。一般来说我们体内可以存储足够的糖原，大约可维持2小时的运动。超出之后，你就需要及时补充了，最好是可转化为能量的碳水化合物的形式。

牢记一条黄金法则，那就是比赛期间永远不要使用任何你还没有在训练中测试过的东西。这一条既适用于食品，也适用于衣物。因为任何未经测试的后期的更改都可能导致意外的发生，有时会表现为过敏反应。更不要在临赛的前一天还赶去买跑鞋，你最好在熟悉一段时间之后，再穿上它们比赛。

打造意志品质

据说，体育运动的成功90%取决于健康和技术水平（生理学、生物力学，等等），而另外的10%就来自于精神力量，即意志品质。但这10%却是影响深远的，而且它在帮助你提高运动成绩，以及从运动中获取更多的享受方面扮演了很重要的角色。这其实是一个曾经被体育界大大忽略的领域，但是现今已被广泛地认可为每个运动员的一枚关键的利器。

历练你的意志品质，则可以帮助提高你的运动能动性和自信心，无论是在训练中（就是那些冬日寒冷的早晨），还是在比赛日。它也会帮助你在压力之下表现得更为出色，包括屏蔽不良情绪的干扰。在危险状况时，你应忽略这部分训练计划；如果你尚未对一个项目在心理上做好充分的准备，那么将可能在你艰苦的训练面前低头妥协。

而当你的意志品质也需要磨炼时，为什么却仅仅训练身体呢？

那么怎样来测定"意志品质"呢？很显然，这点既难以做到，又很主观，但是我们还是有可能通过回答一系列关键问题来得出"意志品质度"这一指标。

这些问题如下（以1~5分范围来评定打分）：

在如下的方格中标出1~5

- □ 我目前的自信水平如何？
- □ 爱好并投入到一个运动项目中，我需要承诺去做什么样的心理准备呢？
- □ 从那些艰苦的训练课和比赛中，我常常能够学到或新或旧的东西吗？
- □ 我能在训练和比赛中，不断地为自己扩大目标吗？
- □ 如何评价自己在训练和比赛中的专注程度好坏？
- □ 在从事一个运动项目之前，我自己有多放松？
- □ 当事情没有完全按计划顺利进展时，我会原谅自己吗？
- □ 我自己控制负面想法能力如何？
- □ 是否自己已感到从训练和比赛中获得了最大的快乐、享受？
- □ 我自己从比赛的竞争性因素中获取了多少快乐？

注意：以上任何问题你标记的分数在3分或以下；那就是在一些地方可能需要多加注意以提高你的心理素质。其中大多问题在本书后面都会涉及，同时会配合一些建议告诉你怎样做才能提高。

一个不争的事实是人的思想和身体的运行是密不可分的——你的感觉无疑会影响你的工作表现。而保持你的思想与身体行动协调一致，尽最大可能令你能够提高至可以达到的工作业绩，并且保持一种积极正向的工作态度将很快带来良好效果。

那么，我们如何来为训练和比赛做好充分的心理准备呢？

运动中的"目标设定法"前文已经讲述很多了，而且对它还有一个很好的理由：那就是很有效！"目标设定法"的设置是为了帮助你提高自信心和能动性，而这顺势就会帮助你提高运动能力。大多数人都会擅长设定目标；但是很遗憾我们中只有少数人会精于执行和完成它。你可能仅仅是去浏览为此制定的新年的方案和计划。

那么，这是为什么呢？

部分原因是很多人不是专注于已设定要达成的目标，却趋于选择他们感觉应该要去做的事情，但并非他们真正想去做的事情，或者并非他们有激情去做的事情。

还有他们也许趋于对设定的目标缺乏构想，故导致缺乏专注和方向，最终他们将落空而出局。

很多读者都注意到所谓的智慧方法以实现“目标设定”。

所谓智慧是指：专业性、可量化、可完成、相关联性和时间绑定。这个架构被用作保证个人目标实现的办法已有多年，证明非常有助于达到最终目的。但是，SCCAMP可以被扩展如下：

- **专业性**

  很重要的一点是目标设定要专业和清晰明了，目标不明确将会导致专注度的丧失。

- **可控的**

  设定好的目标应该是一种在你控制范围之内；而需要依赖外部力量较大的目标，将可能导致最终失败。

- **挑战性**

  去设定业已能够达成的目标看起来几乎是没有意义的;此时,适当提高你的目标是很有必要的。
- **可实现**

  反之,把一个目标设定为不可达到的程度,也是毫无意义的,例如:设定在一个小时内跑完一个马拉松。不可达到的目标反而会产生消极负面的作用。
- **可量化**

  假如一个目标是不可量化的,那么,你怎么知道已经完成了呢?
- **个性化**

  越是那种有明确意义的目标存在,你就会越有动力驱使自己去达成它。

“而我曾被告知,18岁时的我,显得过于年轻,是无法成为一名出色的800米跑选手的。但我其实宁愿享受:证明他们在此事上的大错特错。”塞巴斯蒂·安科(中长跑之王)。

当你正在朝目标努力时,重要的是,要考虑目标的类型,那种有可能满足你改善运动能力的总体目标,换句话说,就是要有结果性目标和绩效性目标。

一个关于结果性目标的生动例子就是:“我要在下一场赛事中打进前50名。”但不幸的是,你可能会对目标没有达到预期效果失控,因为这可能受到很多外部因素的影响,所以失败后而未能达成目标就可能令你变得消极。所以你最好将其设置为绩效性目标,这样反而可以较好地控制你的结果。例如:“我想彻底放松,保持专注,然后坚持完赛!”

那么,把这些目标写下来是很有必要的,然后就要定期的参照它。因为这能够帮助你在身体的实践行动和头脑的最终目标之间,提供不断的联系和沟通。此外,设置目标可以将你的潜意识定位到那些有吸引力的并能够支持你达成最终目标的事情上。那么,也可以在那些你为了达成当前目标而选择的层次中,来进一步定义完善这些目标的细节。

好的提示要领应该保持一种多层次的目标集合。例如,在未来30天中设定2~3个目标,6个月也设定类似的数量,那么在12个月里可以再次设定新目标。

当每个层次接近目标的细节,变得越来越具体,为了改善正在执行连续的策略。采用此法可以同时跨越和适用于训练计划和比赛日。

铁三选手通常以他们出色的目标设定能力而著称,而在每个项目中都全力驱动自己以提高最好成绩(即PB)。

但是,数年前有一个由英格兰肯特郡大学主导的研究项目,目的是试图发现完美主义是否与铁人三项的成绩直接相关。该研究证实了有两种类型的完美主义:“完美战斗型”,可被诠释为有强烈的求胜欲,并且不断提升自己的运动水平;但“完美担忧型”却恰恰相反,那就是害怕技不如人,还有不思进取,而不想在原有的水平上有所提升。

研究得出结论,那就是唯有前者“完美战斗型”对运动能力才能起到意义深远的积极作用。所以要勇于去竞争,对他人可以尽情地展现自己的运动才华;但与此同时,也不要过于担心自己运动能力的不足,因为这将对你的运动表现产生消极影响。

心理健康的两个最重要的领域就是能动性和自信心,也被定义为“自我肯定系统的感觉,即是由对一个人自身的能力和气质的赞赏升华而来”。

其实这两个方面对心理素质的贡献比其他方面都大,所以你平时可以特别注意这些方面的塑造和磨炼,那样可以获得运动水平的显著提升。

但是，什么又是能动性呢？它可以被定义为：驱动你前行而满足你所需。能动性可以推动我们去做事情；它的重要性在于它既可以为我们的行为做导向，又可以令我们的行为充满能量。能动性确实是一种人格特质，它有两种主要的类型：一种是避免失败的动机（换言之就是避免那些可以被他人视为失败的任务挑战），还有一种就是追求成功的动机。在运动背景下就有关于能动性的例子，比如足球比赛的点球大战，一些球员因激励而勇于挑战去罚球以获取成功，另一些选手的动机则倾向于着实不愿面对失败这一残酷事实。

当然，有时候也难免有的人的能动性会有点低迷，然而重要的是，你认识到这点恰恰就有可能会发生在自己身上，特别是在竞技比赛赛会之间的漫长的训练期间。

那么为此你又能做什么呢？不妨尝试以下几种办法：

- 要时刻注意你的睡眠。增加睡眠量可以提高你的运动能力，并帮助你恢复体力。体育锻炼包含身体和意志两部分，并且两者都需要有合理的恢复。
- “跨界”训练可以帮助你释放训练中的乏味和透支。当然休息日和轻度训练日也将帮你保持一种健康的精神状态。
- 可以听听音乐放松和充电。或者可以多尝试看一些运动方面的视频以获取灵感和技巧。
- 冥想思考自然可以帮助你专注和集中精力。
- 不断回溯你的目标。如果能够常问：“为什么？”你就能够找回自己的内在价值。

铁人三项是一种耐力性的运动项目，所以需要保持高度的精神集中和能动性，无论是在日常训练还是在比赛日时，在某种情况下是不易达成预期目标的。如果这恰好是你的现状，那就需要针对“更长腿的项目（长程）”设计一些个别的策略以帮助你消除那些关于你是否能顺利完赛的持续担心。尤其要在那些特别的项目中关注那些“机械性”的元素，例如在头脑中记住你的划水次数，或者在骑行中尝试集中精力于你的节奏，等等。

树立一种积极的精神态度，也可以帮助你保持健康的能动水平，特别是在那些艰苦的训练课和比赛之中。

因为头脑中的想法确实能够影响你的行动，那么是否头脑中保持更多积极的想法真的要好过消极的想法？因为人的心理意识有某种困境，叫作逆反作用。比如，如果你被告知不去想蓝色，那么却会不由自主地去想蓝色以处理这条信息。

所谓影像技术的应用将帮助你保持积极的方式，特别是针对一个比赛项目。不妨尝试以下诸点：

- 试想自己正身处一项赛事中，就在出发前，自己感觉放松、积极和自信。
- 发挥你所有的感知系统，以获取对一天比赛日的全方位的“设想”。影像有时被称作“可视化”，但这里意味着使用了一种单一的感知，故使用“影像”一词会更好些，其实这是允许使用所有感知系统的。“看”竞争对手的虎视眈眈，“听”围观人群的嘈杂骚动，“感觉”轻拂脸庞的微风习习，等等。
- 想象自己开始比赛，坚定而自信地投入游泳阶段，不断超越其他选手，感觉很开心，一切尽在掌握。
- 如果你感觉到赛段上有陡峭的山峰，想象要驱动自己的身体到达那里，那就尽情享受那种伴你流畅地飞奔时的燃烧感。

这点其实很重要。心理意识有时会因真实事件所伴随的想象而变得模糊不清。所以如果你已经骑车登上陡峭的山峰，你就会明白将期待什么？因为你已获此体验，至少存在于你的头脑中，这应被称作“未来记忆”。

至少在你的头脑中。这被称作“未来记忆”。

- 就在现在，想象这是一次最后的冲击，坚定而自信的冲刺直奔终点线，这是一个美妙的时刻。只因已达比赛的尾声，再给你自己一个“未来难忘的记忆”，那就是你会顺理成章地接到终点递来的饮品或是那些你通常会得到的奖励。
- 在赛前应该尽力在脑子里多预演几遍。应用此法，你就可以聚焦比赛本身，而做到精心准备。
- 有些人在做比赛预演想象时有镜像的问题，以力图让自己的准备工作做到尽善尽美。也许是天气的变化，或是赛道上的一条狗，抑或是什么别的因素。总之，这样去考虑可以使他们已具备应对这些突发事件的经验，并且相应地做好充分的准备。

有一个好主意那就是坚持写下你的训练日记，借以关注那些你在训练中感到最兴奋的环节。你可以定期地参考这些训练日记，特别是在你每日入睡前，是你的思维对这些建议最容易接受的时候，可以激起你那种积极的感觉，而且还可以帮助你保持高水平的能动性。

那好，当我们来到比赛日。拿什么可以保证我们能将日常艰苦的体能训练最大限度地转化到比赛中去，而在那天能够真正地享受自己的比赛？下面就提供了几种办法供你去尝试：

- 最后再看一眼你的训练日记，回顾一下你最出色的训练环节，或者是你最享受的比赛，可以让自己感觉轻松、自信和积极。
- 头脑中再次重现你在比赛中的情景，并且要“记住”接下来你的比赛将会有多出色。
- 不要试图“一口吃个胖子”，尤其是对于较长距离的比赛。这就意味着可以把比赛赛程分割成多个可控的小的赛段单元，当你依次接近某一个赛段时，就集中精力解决这一个单元的事情。
例如，对于跑步只要聚焦于起步的第一公里，保持稳定的步频和轻松的呼吸。然后，就可以接着专注于下一公里，以此类推。这不失为一种行之有效的方法。
- 可以使用触发器来保持专注力。据我们观察，在比赛中是很容易丢掉注意力的，所以选择一组关键字或者短语作为“口诀”，比如说“继续前进”，或者也许是“保持放松/坚定/可控”，而当我们在比赛中重复这些“口诀”时，它本身就能够为触发器提供必要的专注力。
- 如果你在奔跑时将接近一段陡峭的山路，那么可以让双腿尝试以看似直击地面的方式来前进。如此这般，任何坡度都将从你的视线中消失（然后是意识中），你就可以如履平地，跑起来也相对更容易了。当然，你还需确认前方并无障碍物，而且是一段清晰的跑道。在这里，安全始终应该是你的优先考虑。
- 不要因为有些事情未按计划行事，而自责惩罚自己。要认识到既然事已至此，不如从中汲取教训、再接再厉。当然不要陷入消极的恐惧。卸下包袱，让自己回复到积极的思想意识上。其中尤为重要的是，要专注于那些在比赛中你能够控制的事情。如果你更多地关注了那些在你影响力之外的事情，那么就会浪费一些不必要的能量，而且也潜移默化地丧失了对那些你能够控制的事情的专注力。

而在赛后通常养成一种好的习惯就是去总结出一种“三三制的复习”。要专注于计划中三件要做好的和三件不要做的。如法炮制，你可以保持积极的态度，并且从以往的成功经验中汲取力量，不要让自己变成最后的牺牲品，而是要届时从中学到有益的东西。

那在你花费时间提高你的意志品质之后，那么我们不妨回到问题的原点。你应该看到自身的进步之处，也就是那些你的对手所不具备的，而你却运用得当的能力，并用它们提高自己的铁人三项技能的边界。

交叉训练

更强壮 · 更坚韧 · 更有力量

基础知识

你可能会想到自己已经具备足够的铁人三项单独项目的训练。毕竟，密集的游泳、骑行和长跑训练确实能让你变得足够强健。

为什么要交叉训练呢？

这里我们不妨来关注四条交叉训练的理由：强化某些特定肌肉或肌肉群的薄弱之处，防止伤病，提高训练的能动性，还有保持性你的综合健康素质。

大多数教练无论涉及何种运动，都会将一套力量训练计划规划到运动员的训练日程中。你在健身房中需要完成的训练量随运动项目的不同而变化，当然还有你正在训练的距离，以及你设立的特殊目标。

总的来说，短距离项目需要更多的能量和力量，这些可以通过大重量训练来获取。但如果你进入到长距离项目的话，那么比较明智的做法就是要提前把力量训练做好，然后与在泳池中和赛道上繁重的训练课拉开一段时间间隔。例如，假如你想要在6个月内进入某一项目，那么就需要以大重量和少动作数量（8~12reps）来提前开始你的健身训练，持续6~8周，然后减低重量但增加动作数量（最大15reps）持续几周。而在这之后，你就可以开始减低重量训练。

但是，所有事情都要取决于你的目标的严肃性和挑战性。你也可以在这些训练计划之后继续保持做些力量训练，如果你要是遭受过肌肉疲劳之苦，也要意识到其他训练的影响。如果你不想完全放弃交叉训练，那么就要将健身房的练习替换成提升核心肌肉能力的训练或者特别的拉伸训练。

总而言之，在健身房里花时间练习的好处是可以增加额外的力量，但千万不要将此事做过头，因为你的训练应该在头脑中始终围绕核心目标开展。

逐一地认识和强化你的弱项

交叉训练的一个好处就在于直接瞄准那些在铁人三项中拖住你后腿的特别弱项。一旦你在训练中或从生理学分析中认识到了身体上的不足，那么你就可以直奔健身房，真正专注于那些特别之处，无论是你的双腿，还是为了你身体总体的平衡而简单地建立起肌肉群。所以，例如当你在跑步时发现自己的大腿肌肉或是臀大肌有所不足，就可以采用蹲姿（见100~102页）和板凳步（见104页）训练来增强这些部位。通过在健身房中专注于这些部位肌肉的训练，你确实可以发现不同凡响的进步。

但是，在任何时候你都必须记住我们所经历的很多伤痛都要归结于运动中所产生的乳酸，而与之对抗的最好的办法就是在你所选定的运动中加强训练，以保持肌肉群处于激活状态。由于肌肉会产生适应性，你将在日常的游泳、自行车和跑步的训练中锻炼得更强壮。

防止伤病

防止伤病可能是针对你所从事的运动而进行一些特别训练的主因。伤病会轻易毁掉数月的艰苦训练成果，对于我们非职业运动员来说，也无异于摧毁了我们的运动梦想，这还会令我们日常的生活非常不便。那么不妨去问一下，那些每天不得不在办公室里一坐就是八小时、有着严重腰酸背痛的人到底从运动中获取了什么吧？

例如，你的腘绳肌变得非常强壮和结实，而它的对侧肌肉却显得很薄弱，那么这将导致骨盆倾斜，接下来还会引起可怜的背部扭曲和背部伤痛。正是因为这些原因，在列出的训练计划中（见117~119页），你会发现这些练习可不仅仅是面向你正在练习的三个项目，还可以帮助你保持体内肌肉的良好平衡。当你在增加训练负荷时，你会体验到身体的不适，因为肌肉会被要求在一个前所未有的超高的水平去执行那些任务，尽管这种不适往往会在一个很长的训练周期内减轻并消失。

在核心部分你也可以做一些普拉提练习，这些练习可以稍做改动用作放松。但是，如果你能够参加一些普拉提和瑜伽课程的话，那就是非常棒的一种方式来保持你的核心肌肉群的强壮，维持均等的肌肉平衡，保持你的肌肉柔软富有弹性。这些练习额外的好处就是因为训练密度较低，也就降低了受伤的风险，而且由于对体能的消耗较低，你就可以在休息日来安排练习了。

还有，有规律的拉伸活动在防止伤病方面也扮演着很关键的角色。这也是你训练中非常重要的因素，不容忽视。

能动性

有的时候，当从事某一专项训练时，你恰恰需要一种从程式化地在泳池劈波斩浪，或是繁重地路跑训练中抽身的感觉。正是通过每一星期有一天你另辟蹊径，用不同的方法来锻炼自己的身体，同时也的确可以借此刷新一下自己的头脑。对于铁人三项选手而言，即便是在应对训练的各方面都无懈可击，交叉训练也可以给你的大脑一个休息的时间，这一点相当重要。这也不失为一个好办法，为了耐力训练可以增加一些基本目标，以保持积极性。例如在一个2个月的周期内，旨在给你的训练负荷增加一定的百分比。

需要注意的是，你设定的目标将很大程度上取决于你的起始点在哪里。如果你已经在力量训练上很有经验了，那么将会收获甚小，因为显然你已然到达10级水准，所以在制定目标的时候一定要面对现实。

综合健康素质

很多人开始投入这些项目训练，无论是游泳、自行车，还是跑步，都把它们当作保持体形的一种方式，当然这也是大众投身体育运动的最大益处之一。当你已经正在练习这些运动之中的某一项目，正如大多数铁三新人所为，你仅仅是因为健身而从事该项运动。

自然，这是为了减少你刚开始进入铁人三项训练阶段的问题，你会逐渐地了解某些健身方式，从一项目交叉到其他健身领域。但是，为了保持身体健康和状态良好，通常还需要更多一些的专门练习。这就是要引入交叉训练目的，可以提供给你综合均衡的健康素质和一个俊朗有型的体格。

所以，如果你投身体育运动的目标之一就是全面良好的健康管理，那可千万别忽略“交叉训练”。

腿部：深蹲

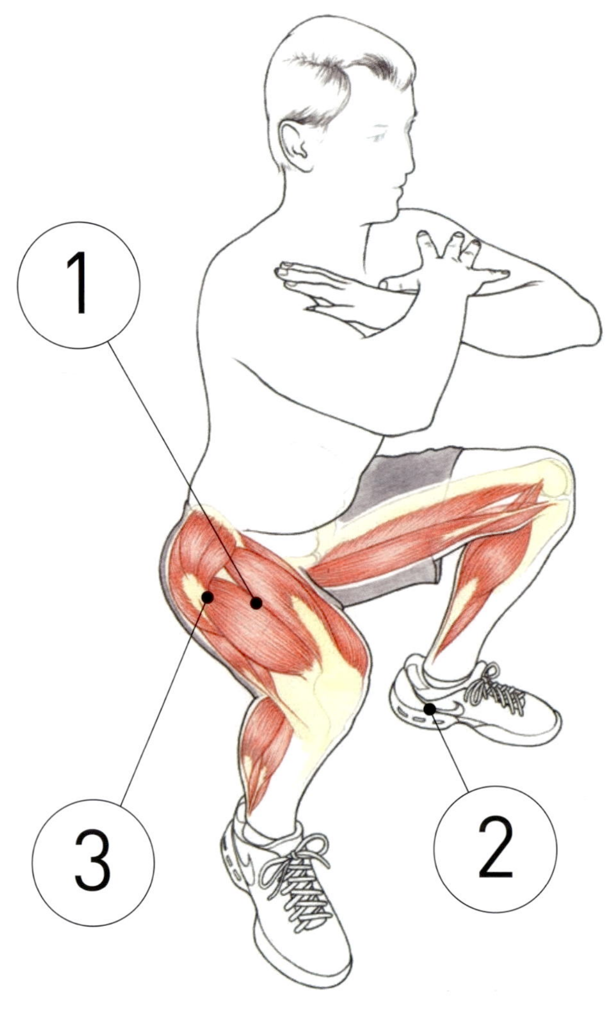

1 保持膝盖放松，并且柔和地收缩腹肌和臀部。臀部向后伸展，就好像你正坐在一把椅子上一样。然后坐下，直到你的大腿与地面平行。最后站起来，回复到初始位置。

2 保持所有负载的重量都作用在你的脚跟，因为这能让臀部和大腿的工作量负荷最大化。还要确保你的背部保持挺直，并且膝部在脚中趾上方。

3 当你开始感到疲劳时，集中精力保持你的腹肌和臀部肌肉用上力量，因为这将能够保护你的腰部。这时候可以利用你的呼吸来帮忙，当你起身时，要作呼气动作。

肌肉的运用

主要练习：大腿股四头肌、臀大肌、腘绳肌、腰肌（竖脊肌）。
第二阶段：小腿肌群（腓肠肌）。

怎样提高我的铁人三项水平？

游泳：其实膝部伤病往往也会成为游泳选手的魔咒，而这些训练将会加强膝关节周围的肌肉群。
这能够帮助你避免韧带损伤，同时也会增加泳池中所需的最重要的爆发力。

腿部：弓步蹲

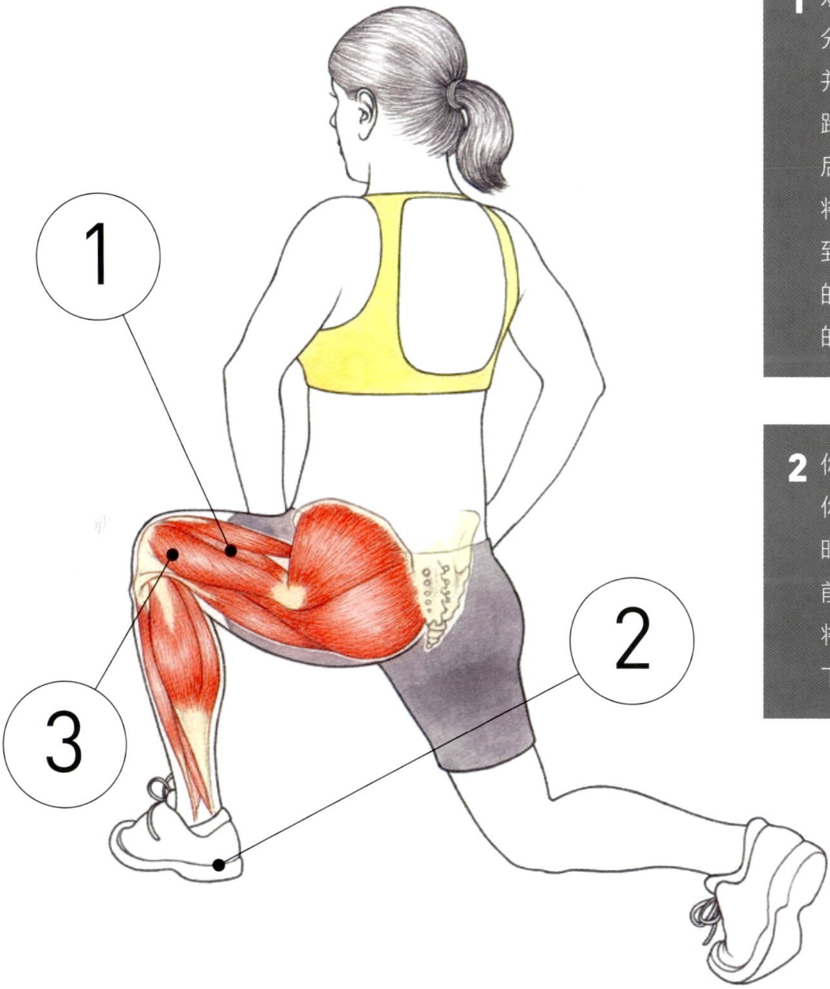

1 双脚略宽于臀部两侧分开，保持双膝放松，并且上体正直，然后跨一大步后退，保持后脚足跟离开地面。将你的后腿膝盖下压到地面，而保持前腿的膝盖在你的脚中趾的延长线上。

2 你需要保持重心放在你的前脚跟上，而同时不应让前腿膝盖向前移动。保持柔和地将你的骨盆置于体下。

1

2

3

肌肉的运用

主要练习：股四头肌、臀大肌、大腿胭绳肌、小腿肌群（腓肠肌）。

怎样提高我的铁人三项水平？

骑行：增强腿部力量可以提高运动能力，并可以一直持续到体能耗尽。更有力量，而同时更少有疲劳感，便可以骑得更快。

3 所谓弓步蹲应该是一种直上直下的感觉，而此处不应存在前向运动，这样会对前腿膝盖部位施加压力。

腿部：单腿深蹲

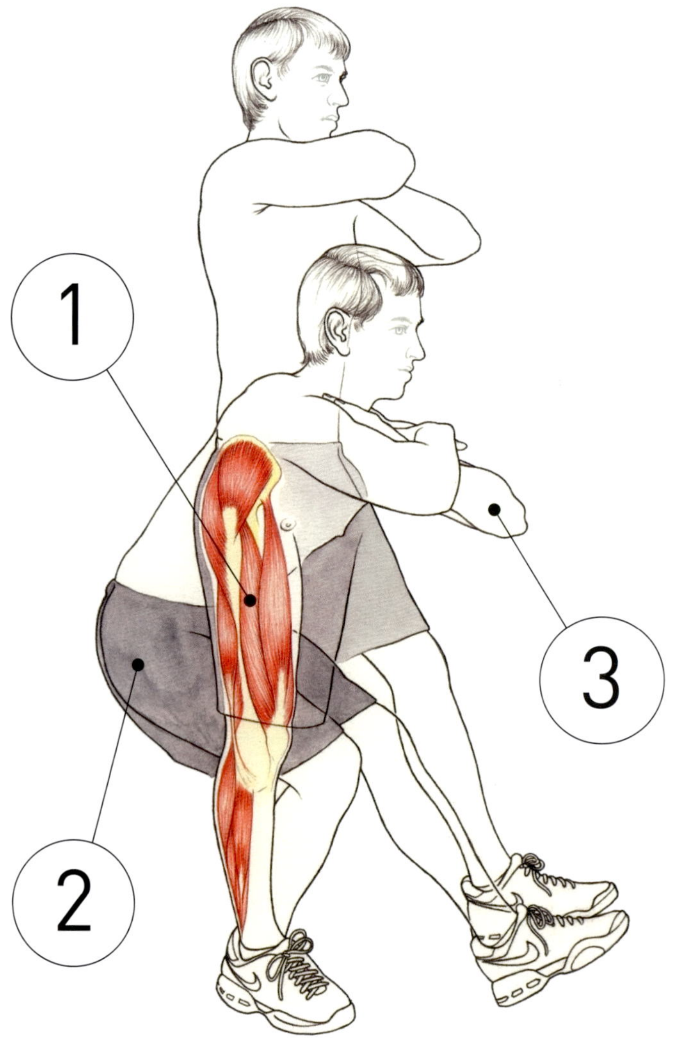

1 以单腿站立，另一条腿以合理的角度弯曲，并且保持膝盖齐臀高。这就是你每次做动作起始和结束时所需的位置。

2 在贯穿整个动作期间要保持高姿态体位，弯曲你的支撑腿的膝盖，身体向后坐，就好像你要坐在一把椅子上一样。

3 这个练习的运动量要与你力量训练的运动量保持均衡，所以当你刚开始练习时，可以利用一面墙辅助来作支撑。

肌肉的运用

主要练习：臀大肌、股四头肌、大腿胭绳肌、小腿肌群（腓肠肌）。

其次练习：腰肌。

怎样提高我的铁人三项水平？

跑步：我们之所以这样跑，为的是增加腿部额外的力量和稳定性，让你用双腿的所有肌肉都将参与到锻炼中来。

当你奔跑时，此法还有助于创造更好的运动条件，以防止内旋外旋。

腿部：单腿跳跃

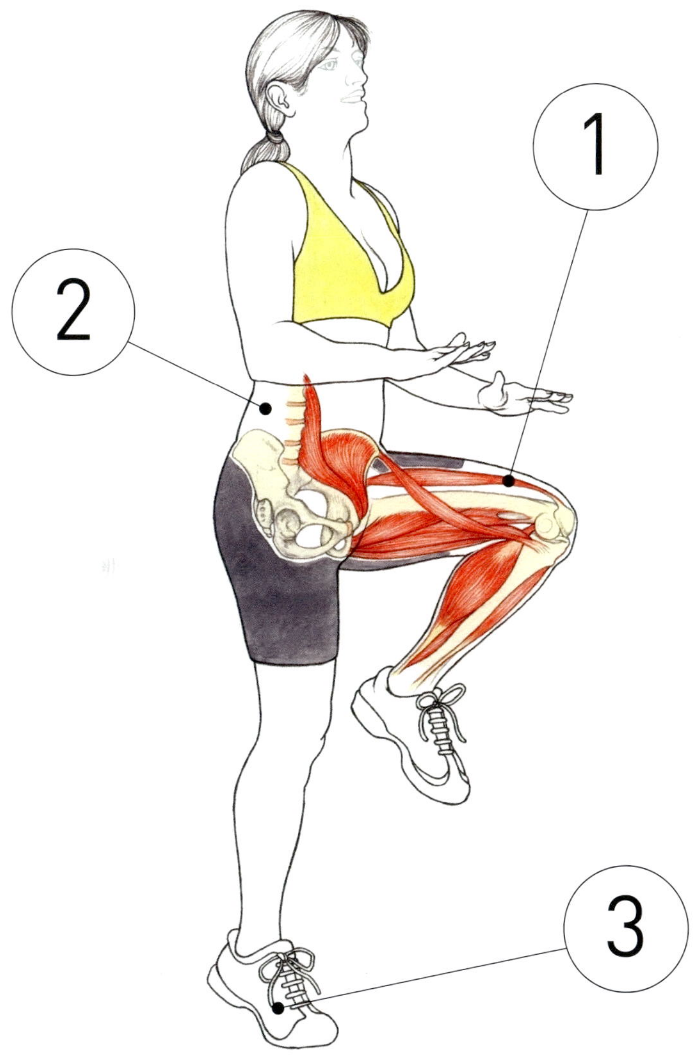

1 该动作就像单腿蹬起，开始时以一条腿站立，而另一条腿以合理的角度弯曲，并且保持膝盖齐臀高。

2 尽你所能往高处跳，同时要确保你没有向前屈体，或者向后倾倒。而你也应当尽力在同一点落下和跳起。

3 为了防止对你的背部和膝关节的损害，在本项目练习中落地才是其关键。所以要确保你落地时有所缓冲，比如说你可以加个垫子专门用于落地。

肌肉的运用

主要练习：臀大肌、股四头肌、大腿腘绳肌、小腿肌群（腓肠肌）。

怎样提高我的铁人三项水平？

跑步：这是一个非常到位的练习，可以在你迈开双腿时给你力量，在你双腿着地时增强控制力，同时在你奔跑时提高所需的稳定性。

腿部：板凳步

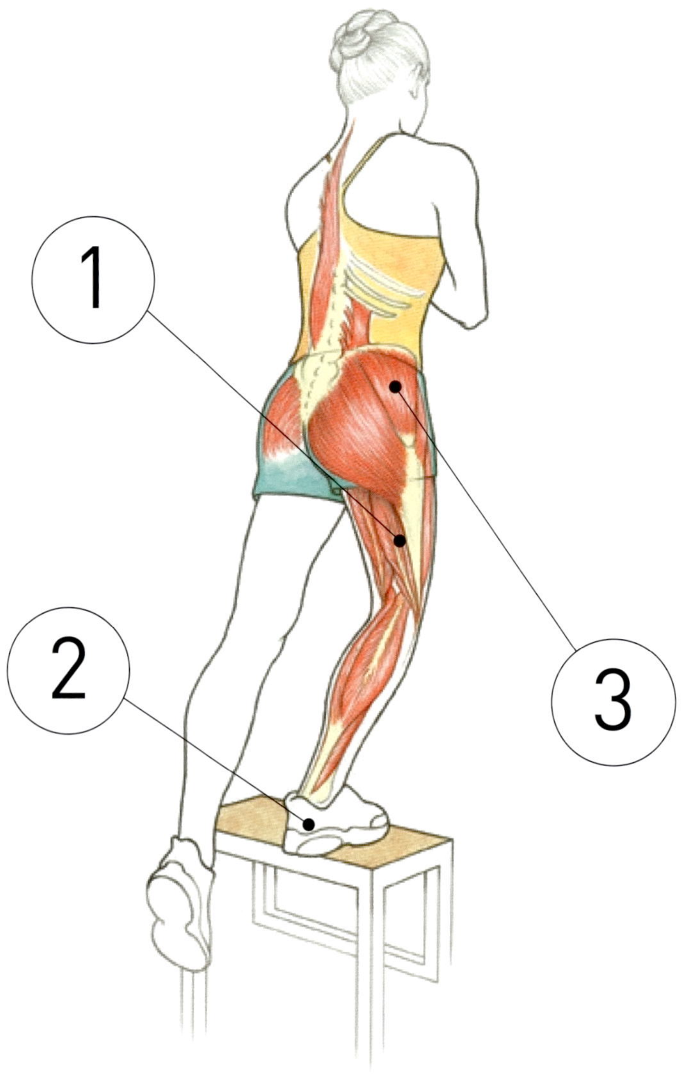

1 距离一处台阶或者板凳大约30厘米站立，先将一条腿踩上凳子，再放上另一条腿，然后让双足和膝盖一直保持合适的角度。

2 当你将第一条腿踏上凳子，首先要小心地将其足跟放下。这样就可以保证你在凳子上的安全，并激活相关的肌肉群。

3 照此你要一直保持身体笔直。而身体从臀部开始有前倾的趋势。为了增加动作练习的强度，此时双手要分别用力握拳。

肌肉的运用

主要练习：股四头肌、臀大肌。
其次练习：大腿腘绳肌、小腿肌群（腓肠肌）。

怎样提高我的铁人三项水平？

骑行：强壮的腿部肌肉和肌肉耐力可以帮助你防止疲劳的产生，并且这种活力将会帮你保持敏捷的反应和技术的发挥。

腿部：箭步蹲踏球

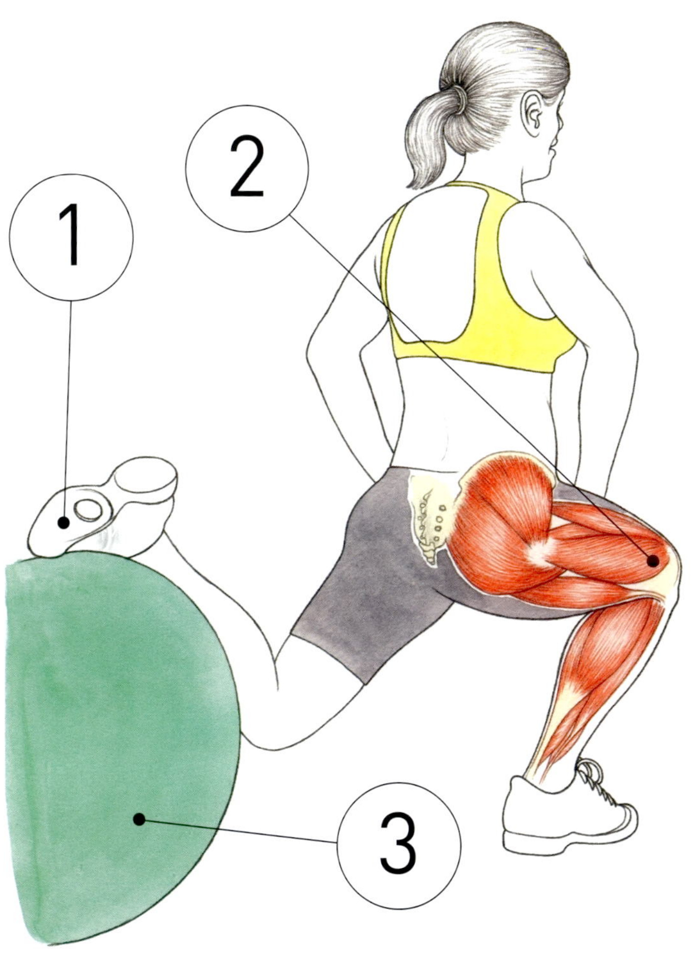

1 以一只脚背置于你身后的健身球上。此时你的重心应该置于前脚上，而同时应该将前脚掌尽量往前送。

2 前腿弯曲以保证膝盖前冲而不超过脚踝位置。而且应该向下与小腿成90度角。试想你身体可以上下做垂直运动，而把所有的重量都加载作用于前脚跟上。

3 这些是较为深入的练习，需要配合以力量和协调性。如果你需要借助墙来辅助支撑的话，那就可以使用它一直到不需要为止。如果你没有健身球的话，也可以选用更为稳定的基座，例如板凳。

肌肉的运用

主要练习：股四头肌、臀大肌。
其次练习：大腿腘绳肌，小腿肌群（腓肠肌）。

怎样提高我的铁人三项水平？

跑步：本练习可以加强腿部所有参与跑步的肌肉群。此法会迫使你锻炼每条腿，而你将在均衡的训练中获得两条同样强壮的腿。要记住，你是在使用双腿来奔跑。

背部：半程硬拉

1 起始姿势是你的足跟位于臀部下方，双腿稍稍弯曲，背部挺直，双手开握宽于大腿髋关节，手掌朝向身体。

以前倾来把杠铃放低至你的膝盖，集中注意力在你的背部肌肉。短暂停歇后，再回到你的起始位置。

2 当你在贯穿练习整个动作期间，保持你的背部伸展拉长，不要让膝盖有任何的活动或拉伸。在此期间，肩部都应该保持收紧。

3 练习中所有的重量都应该落在双脚的足跟部位，并且膝关节放松而不弯曲。此时双足避免做蹬伸动作。

肌肉的运用

主要练习：腰大肌、大腿腘绳肌，臀大肌。

怎样提高我的铁人三项水平？

游泳：这是保持你腰部和背部的力量非常重要的训练。

肩部：哑铃划船

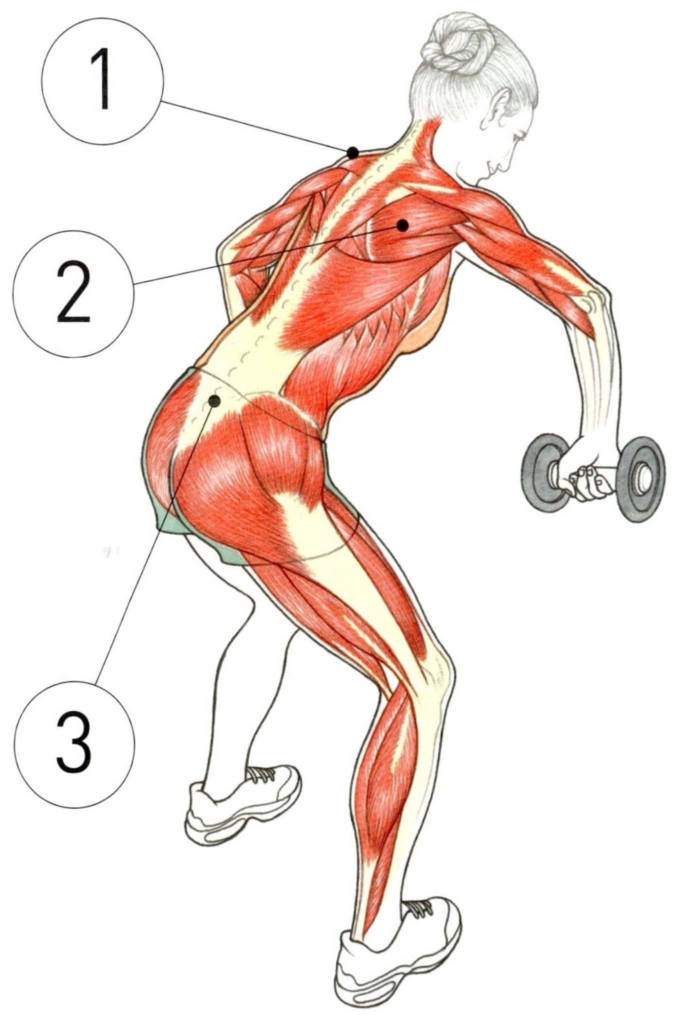

1 起始姿势是以提铃负重而膝关节弯曲开始。保持这个弓身的姿势，再以划船的姿势将重量挤压向肚脐方向，然后伸直手臂以回复到起始位置。

2 当你提铃负重的时候肩胛骨会有向内挤压的感觉，这将把训练的重量负荷都集中到你背部的中心。

3 要维持这个姿势对于腰部是很吃力的，并且还有一种要去弯曲你的下脊柱外区的趋势。为了避免此情况，就需要将你的骨盆保持在正确的位置上，并且收缩你的腹肌。

- 也可以不加负重来练习这个动作，起始位置与此前相同，但要把双脚绑上牵引阻力带，而且以双手提拉牵引带的另一头，在以双肩为轴的圆弧轨迹上做画弧运动，然后走一条如同有负重时相同的线路轨迹到达最高点。

肌肉的运用

主要练习：颈部、肩部、背部（斜方肌）等肌群。

其次练习：肱二头肌。

怎样提高我的铁人三项水平？

骑行：当你全力踩踏时，健壮的肩部肌肉将会帮助你稳定车把，特别是当你在艰难地推进和爬坡时。

胸部：高位下拉

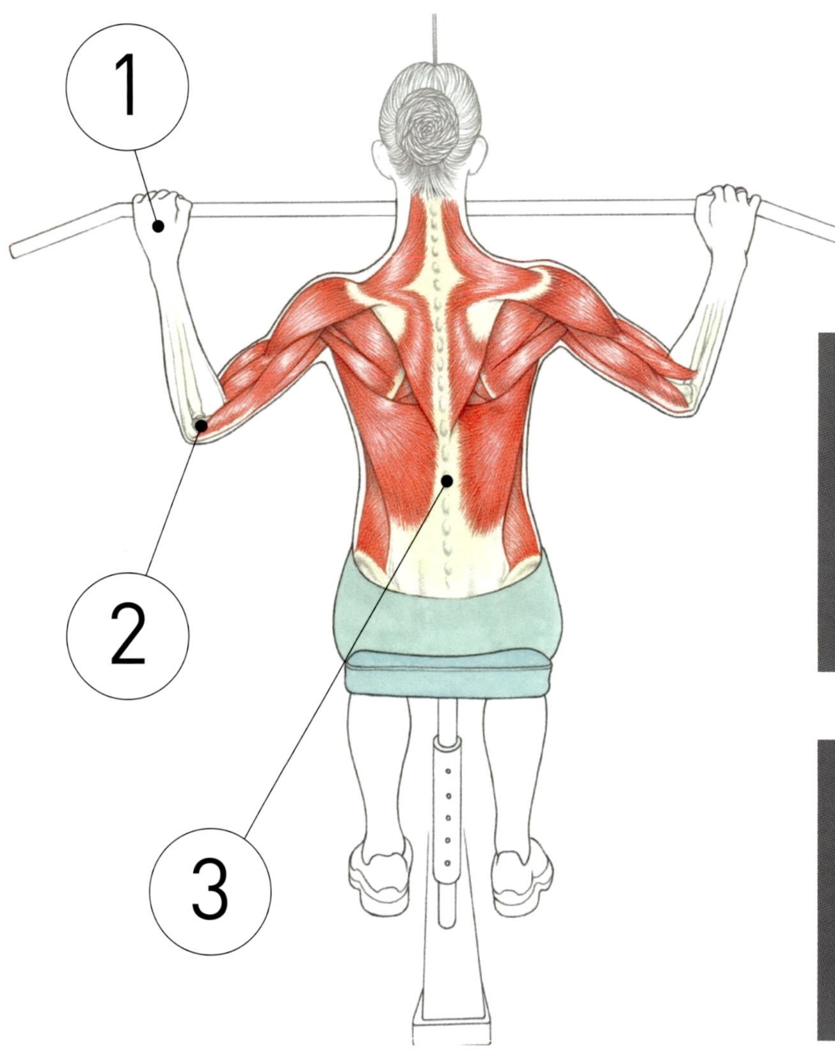

1 双手开握距离应该大约1.5倍的肩宽。保持身体挺直，并且微微向后倾斜。将横杠下拉引至胸前，保持控制，然后再将横杠引回原位。

2 当你下拉时，感觉你的肘部就好像要来激活你的背部。保持轻松抓杠，因为一旦你用力过猛，你的前臂将会很快导致疲劳。

3 当你身体已经疲劳时，要避免让你的背部摇摆，以及背部离开座位。还有要避免下拉过快。

肌肉的运用

主要练习：背部肌群。

其次练习：肱二头肌。

怎样提高我的铁人三项水平？

游泳：这涉及到对于自由泳而言非常重要的一个肌肉群。你能够以此产生多少力量，你就能排开多少水，从而推动自己前进。

胸部：俯卧撑

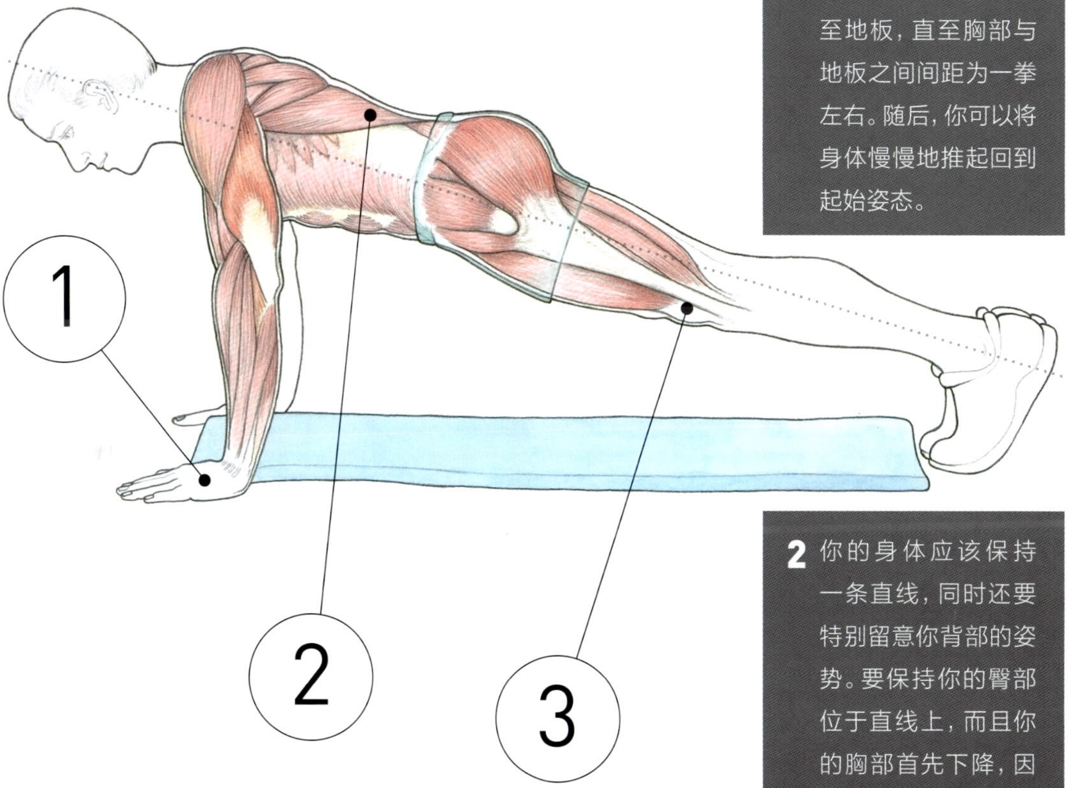

1 起始姿势是双手分立撑地，间距略比肩宽，然后让你的胸部下降至地板，直至胸部与地板之间间距为一拳左右。随后，你可以将身体慢慢地推起回到起始姿态。

2 你的身体应该保持一条直线，同时还要特别留意你背部的姿势。要保持你的臀部位于直线上，而且你的胸部首先下降，因为这样将可以保持你的身体笔直。

3 你也可以适当将膝关节降低一点以减少俯卧撑的运动强度。如果你感到自己即将失去对身体的正确控制，也应当依此适当降低难度。

肌肉的运用

主要练习：胸大肌。
其次练习：肱三头肌。

怎样提高我的铁人三项水平？

跑步：这个练习有助于你保持身型的挺拔高挑，推动理想的奔跑姿态。它也将保持你身体整体良好的平衡。

臂部：二头肌弯举

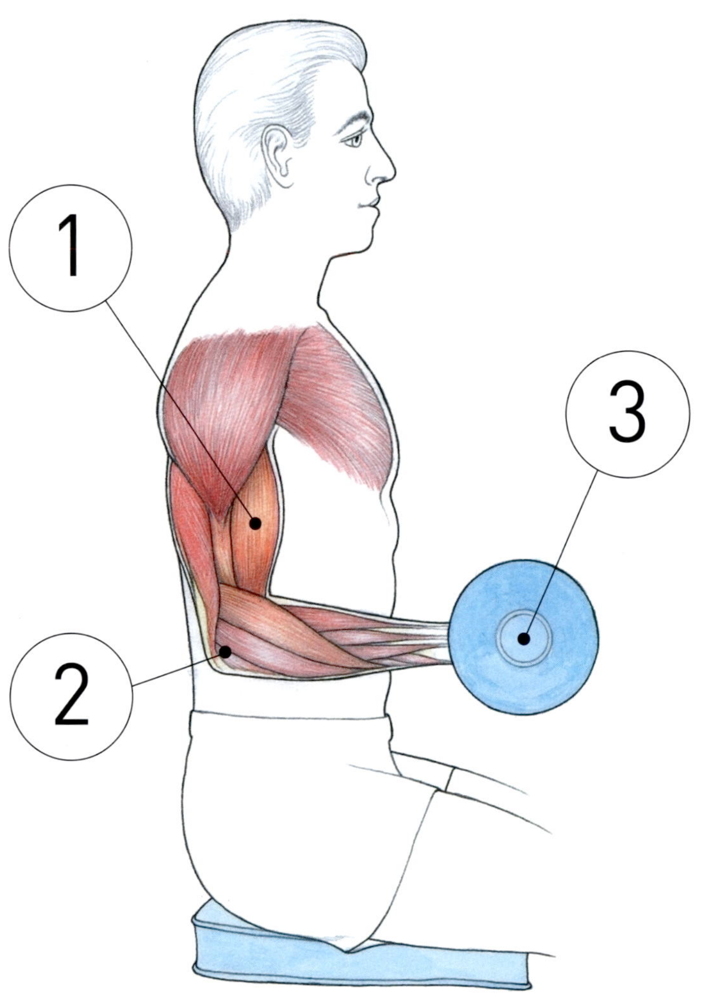

1 手掌用力握紧，朝向前方，同时保持双手自然抓握哑铃柄。肘部弯曲，提铃至胸。稍事停歇后，再将哑铃还原至水平方向的起始点。

2 要始终保持肘部稳定地靠近体侧，而千万不要让肘部后撤移动到身体中轴基线之后。

3 你的手掌此时需要保持放松，弹性而有力，如果你抓握得太紧，你就会感到在你的前臂发力时会有点与二头肌抵触的感觉。

- 也可以不加负重来练习这个动作，起始位置与此前相同，但要把双脚绑上牵引阻力带，而且以双手提拉牵引带的另一头，在以双肩为轴的圆弧轨迹上做画弧运动，然后走一条如同有负重时相同的线路轨迹到达最高点。

肌肉的运用

主要练习：肱二头肌。

怎样提高我的铁人三项水平？

游泳：你恐怕并不想极力模仿查尔斯·阿特拉斯那种样子，所以一定不要过度追求这种练习。因为训练永远是要在意品质优劣，而非总量多寡。这个练习的确可以帮助你改善上臂的力量，这对于你的划水效率至关重要。

臂部：三头肌臂屈伸

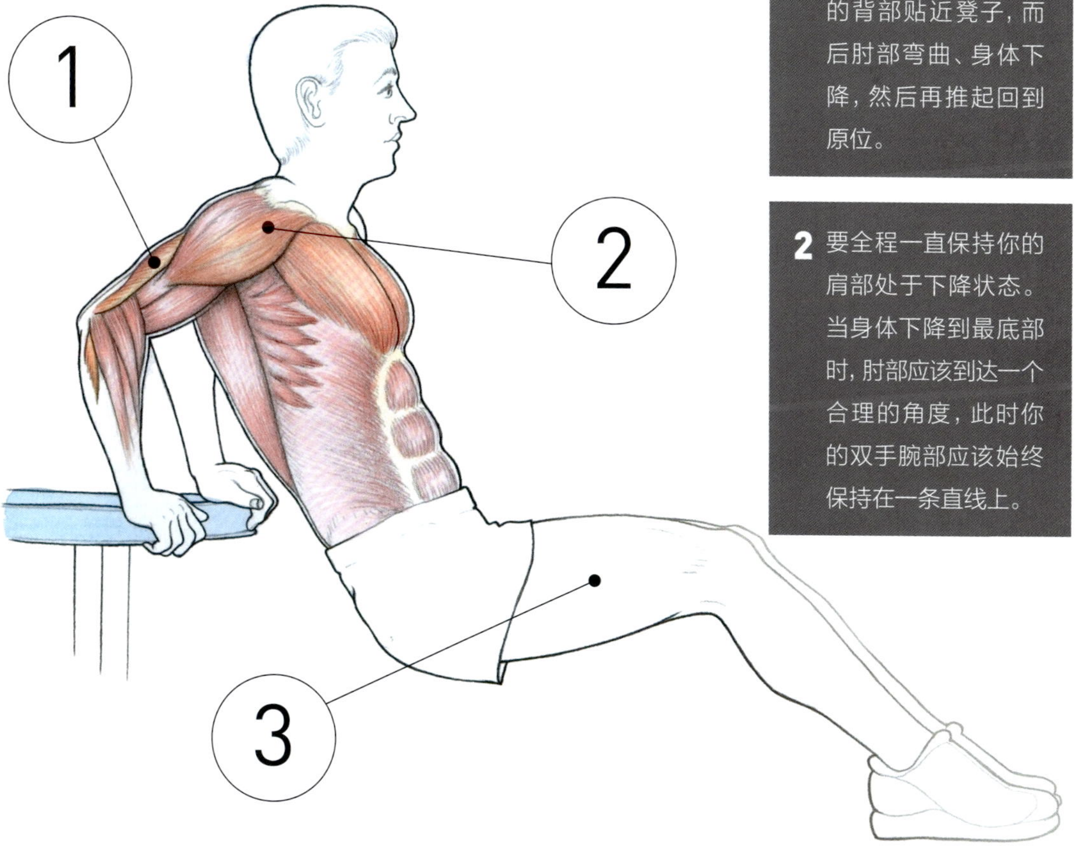

1 起始姿势是你双手分立，按到一处板凳（或台阶）两侧，位置稍宽于大腿髋部。保持你的背部贴近凳子，而后肘部弯曲、身体下降，然后再推起回到原位。

2 要全程一直保持你的肩部处于下降状态。当身体下降到最底部时，肘部应该到达一个合理的角度，此时你的双手腕部应该始终保持在一条直线上。

3 你还可以通过绷直你的腿部和调整转动你的双足，从而以更大强度来做这个练习。要注意在训练中应该注意保持背部与凳子贴近。

肌肉的运用

主要练习：肱三头肌。

怎样提高我的铁人三项水平？

游泳：在蛙泳的划臂拉水过程中三头肌扮演、承担了主要的角色，通过将它们训练得更加协调流畅，可以使你自己在游进中的划水更加高效。当然这还会使胸部的一些肌群发力更加顺畅。

核心：侧卧举腿

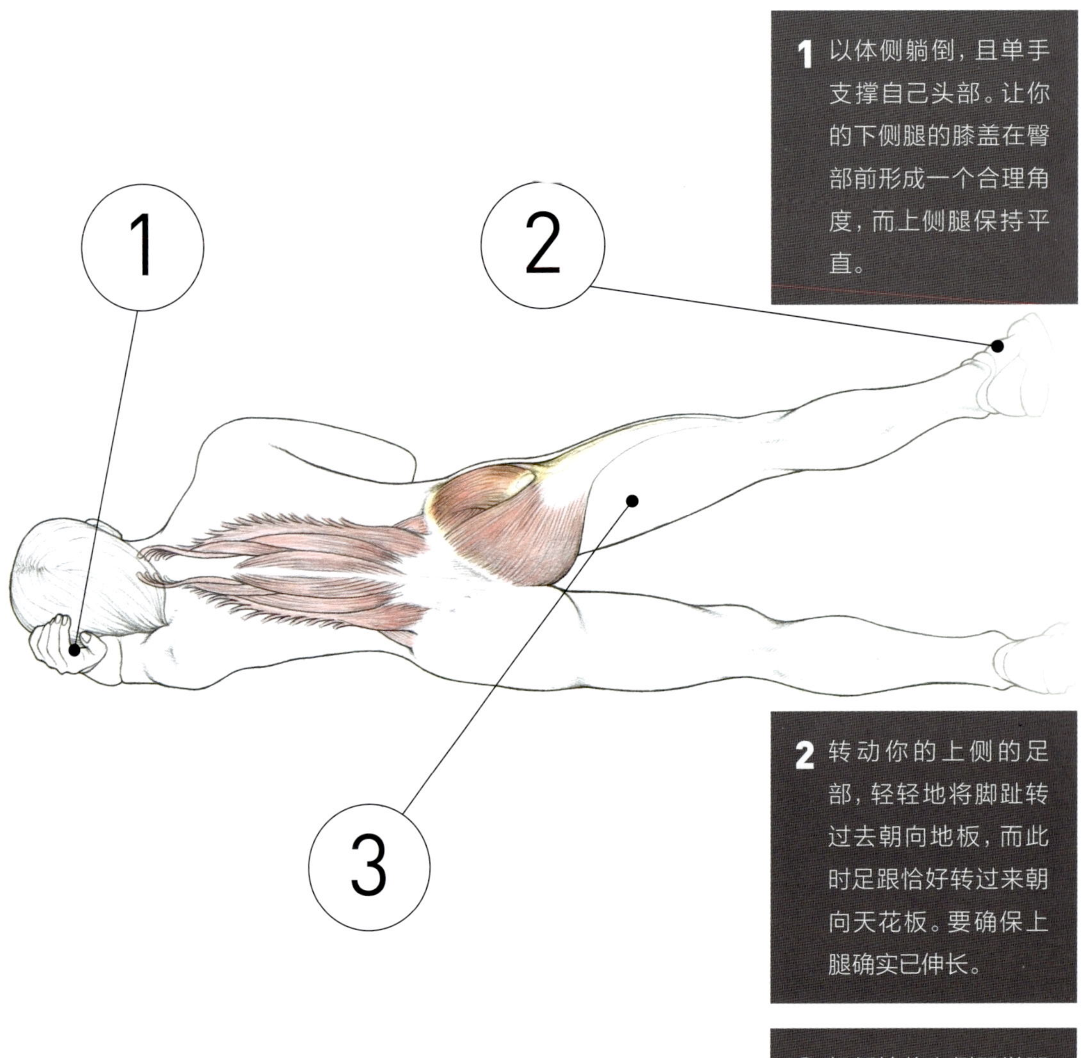

1 以体侧躺倒，且单手支撑自己头部。让你的下侧腿的膝盖在臀部前形成一个合理角度，而上侧腿保持平直。

2 转动你的上侧的足部，轻轻地将脚趾转过去朝向地板，而此时足跟恰好转过来朝向天花板。要确保上腿确实已伸长。

3 轻缓地将上侧腿举腿和放下10次。然后该腿单向（空中）画小圆圈10次，反向再重复画圈10次。重复练习这一全套动作共2-3次。

肌肉的运用

主要练习：臀部。

怎样提高我的铁人三项水平?

跑步：此动作的练习确实能够将臀部肌肉强化。而这组肌肉会对臀部起到稳定的作用，会有助于预防保护跑步者的膝盖免受伤病。

核心：平板支撑

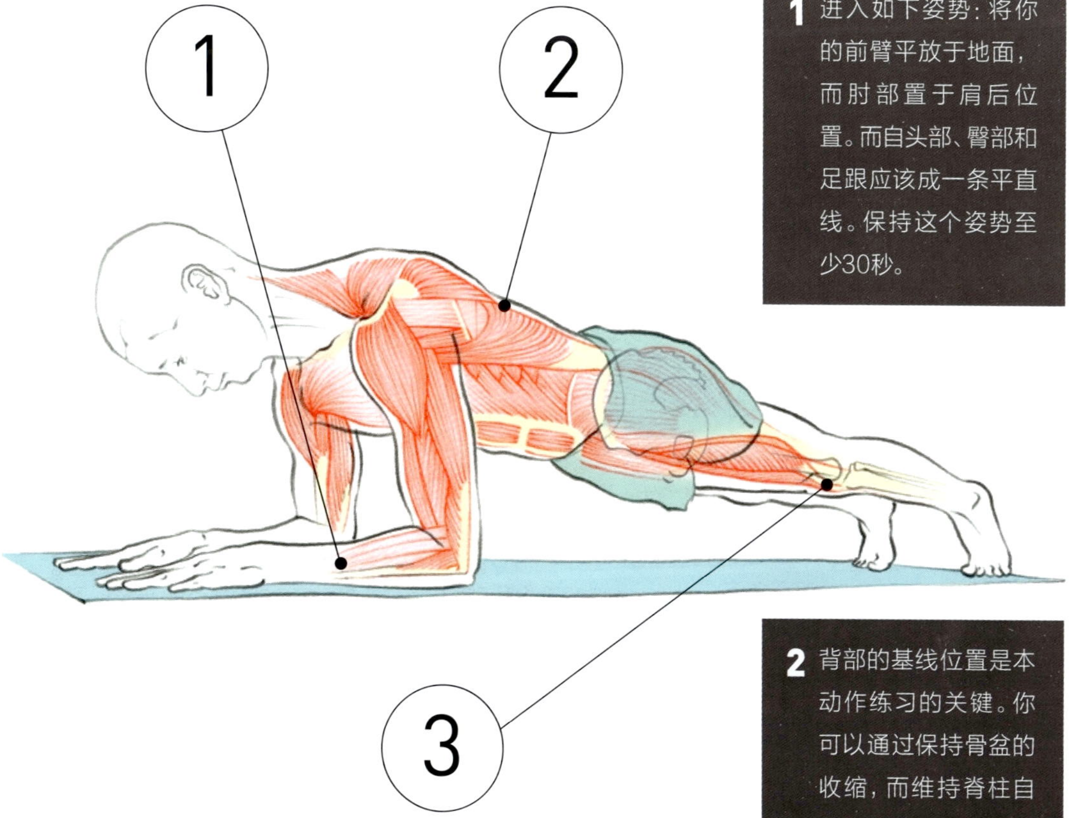

1 进入如下姿势：将你的前臂平放于地面，而肘部置于肩后位置。而自头部、臀部和足跟应该成一条平直线。保持这个姿势至少30秒。

2 背部的基线位置是本动作练习的关键。你可以通过保持骨盆的收缩，而维持脊柱自然的曲线。

可以将重量向后推移至足跟，的确可以牵拉你的脊柱。

3 如果你不能够维持一个合理的基线位置，那么就轻轻地把膝关节降低到地面。你应该如此操作，以变通到一个较低的运动强度。

肌肉的运用

主要练习：深、浅肋部和腰部肌群。

怎样提高我的铁人三项水平？

骑行：你的核心部位是完成骑行踩踏动作不可或缺的一部分。一个强大的核心部分可以提供足够的刚性从你的股四头肌输送最大能量到自行车脚踏上。

核心：侧卧撑

1 进入如下姿势：单手撑于地面，而同时该手与肘部位于肩部之后，成一条直线。你的一侧臀部应该位于另一侧上面。然后单手高高举起，就如同自己激情释放般地打开手臂，直到身体处于如图所示姿势。保持此姿态练习至少30秒。

2 和平板支撑一样,关键是身体基线的姿态。你的背部必须保持自然曲线。这样你腿部的伸长才会有助于你保持背部伸展拉长。

3 此动作练习的一个低运动强度的变通版本就是：膝关节可以弯曲一个合理的角度，这样就相当于你的双足也就后置了。而当你单臂高举时，平衡也就在你的膝盖上。如果你的肩部比较薄弱，不妨试用此法。

肌肉的运用

主要练习：侧肋部，深、浅肋部和腰部肌群。

怎样提高我的铁人三项水平?

游泳、骑行和跑步：这组练习作用于你的手臂，并可以保持核心力量，且对于防止伤病的产生非常重要。

保证你在练习时左右两边都练到，以保持肌肉的均衡。

核心：举腿

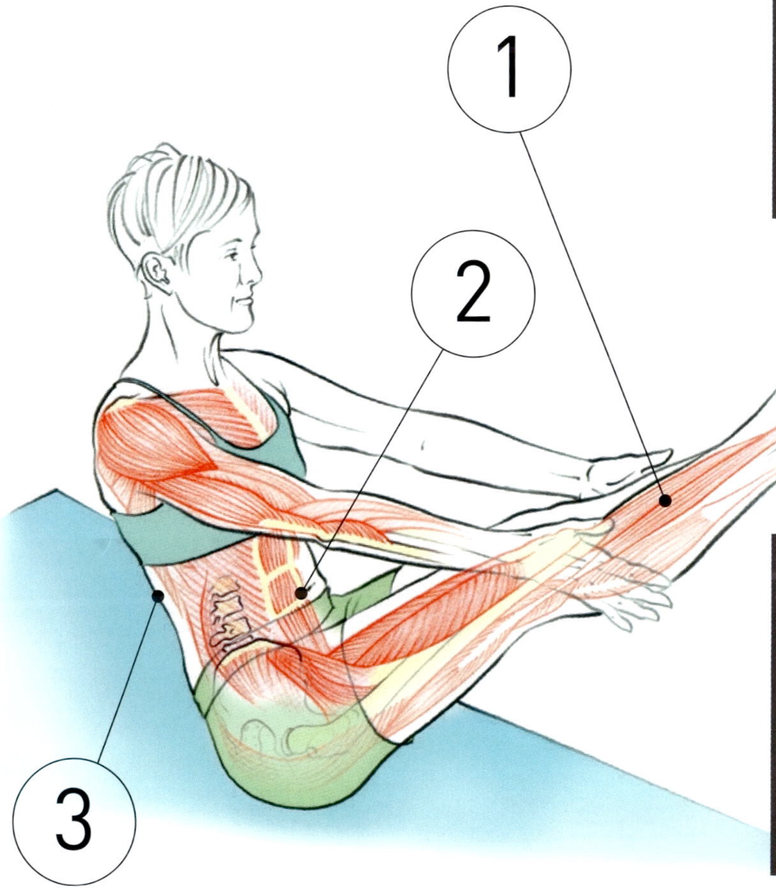

1 起始问题在于背部，双手置于体侧。同时提起你的双腿和上身，而使身体成V字形，然后再放松放下。

2 该动作需要在慢节奏和良好的控制下来练习，才能取得最佳效果。需要特别小心的是，当你在回落放下阶段，要全程控制住自己的身体。

3 这其实是一个相当有难度的动作，如果在练习时操作不当还有可能造成背部受伤。有一个好的变通办法是，当你在刚起步练习时，在提腿阶段可以将膝关节弯曲以降低难度。

肌肉的运用

主要练习：大腿上部和肋部、髋部屈肌肌群。

怎样提高我的铁人三项水平？

游泳、骑行和跑步：本练习主要是针对你的腹肌，带来与卷腹一样的好处，并且可以保持身体核心肌群的力量。有助于锻炼发展你的腿部力量和腰部的柔韧性。

核心：举背

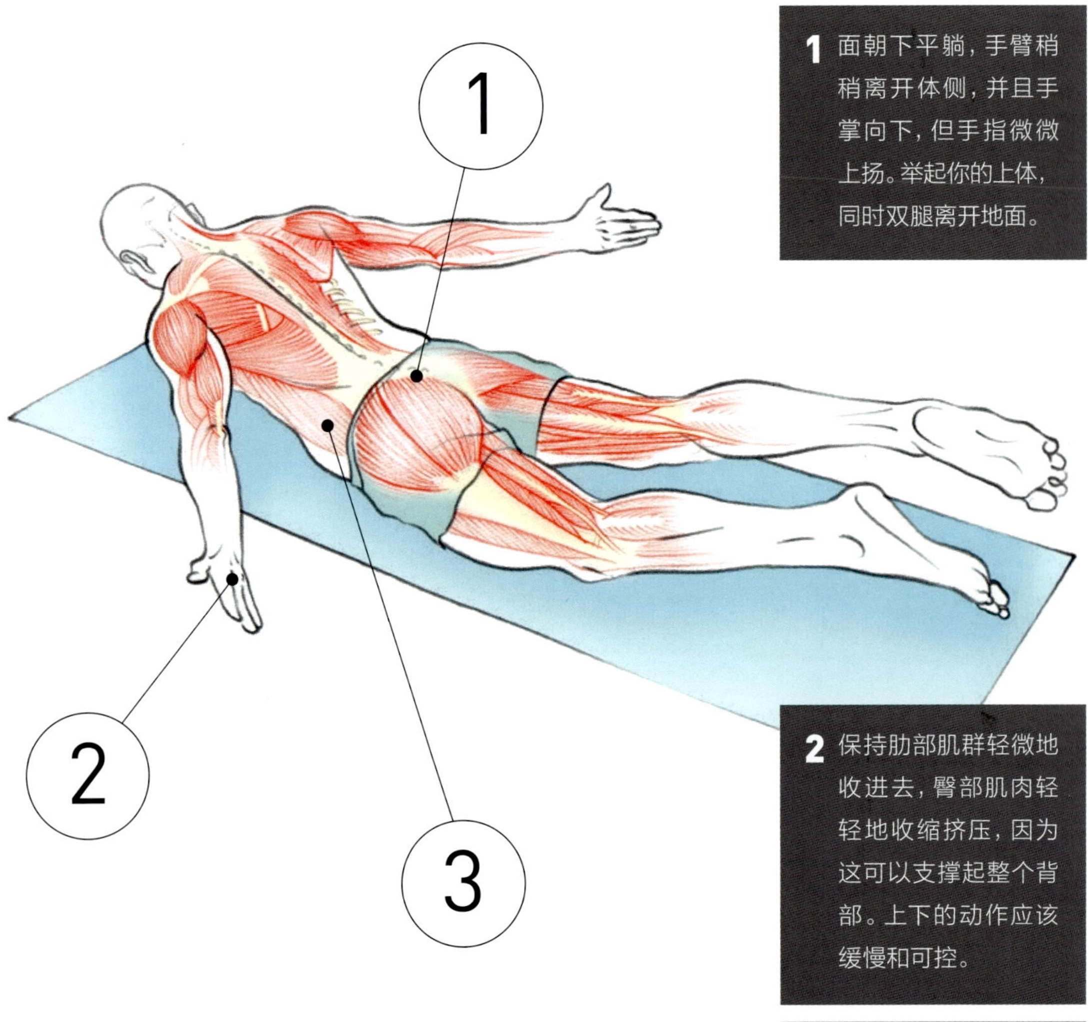

1 面朝下平躺，手臂稍稍离开体侧，并且手掌向下，但手指微微上扬。举起你的上体，同时双腿离开地面。

2 保持肋部肌群轻微地收进去，臀部肌肉轻轻地收缩挤压，因为这可以支撑起整个背部。上下的动作应该缓慢和可控。

3 如果你的背部需要更多的支撑，你可以将手放在肩部以下做支撑，而从地面推起。注意要根据你的需要来灵活调整手掌部位，或大或小地用力。

肌肉的运用

主要练习：腰部肌群。

怎样提高我的铁人三项水平？

骑行：本练习对骑行选手非常有益，因为它将有助于增强你的腰部肌肉群和腘绳肌，这在爬坡骑行中显得尤其重要。

训练计划：新手

训练2组，每组重复8~12次动作（身体核心提升，背部提升X15次动作），每组练习之间休息1分钟。

身板（躯干）：目标是保持30秒钟（如技术动作有变形，则可适量减少）。

找到你针对每项练习的理想的负重，也就是你应该能够完成（既定）的动作次数，即恰好最后一次动作险些遭遇失败的极限能力值。

作为一则导引，你会将最大负重用于你的大肌肉群（例如在深蹲练习中的臀部和四头肌），而将最小负重用于你的小肌肉群（例如在卷二头肌屈肌练习中的二头肌）。

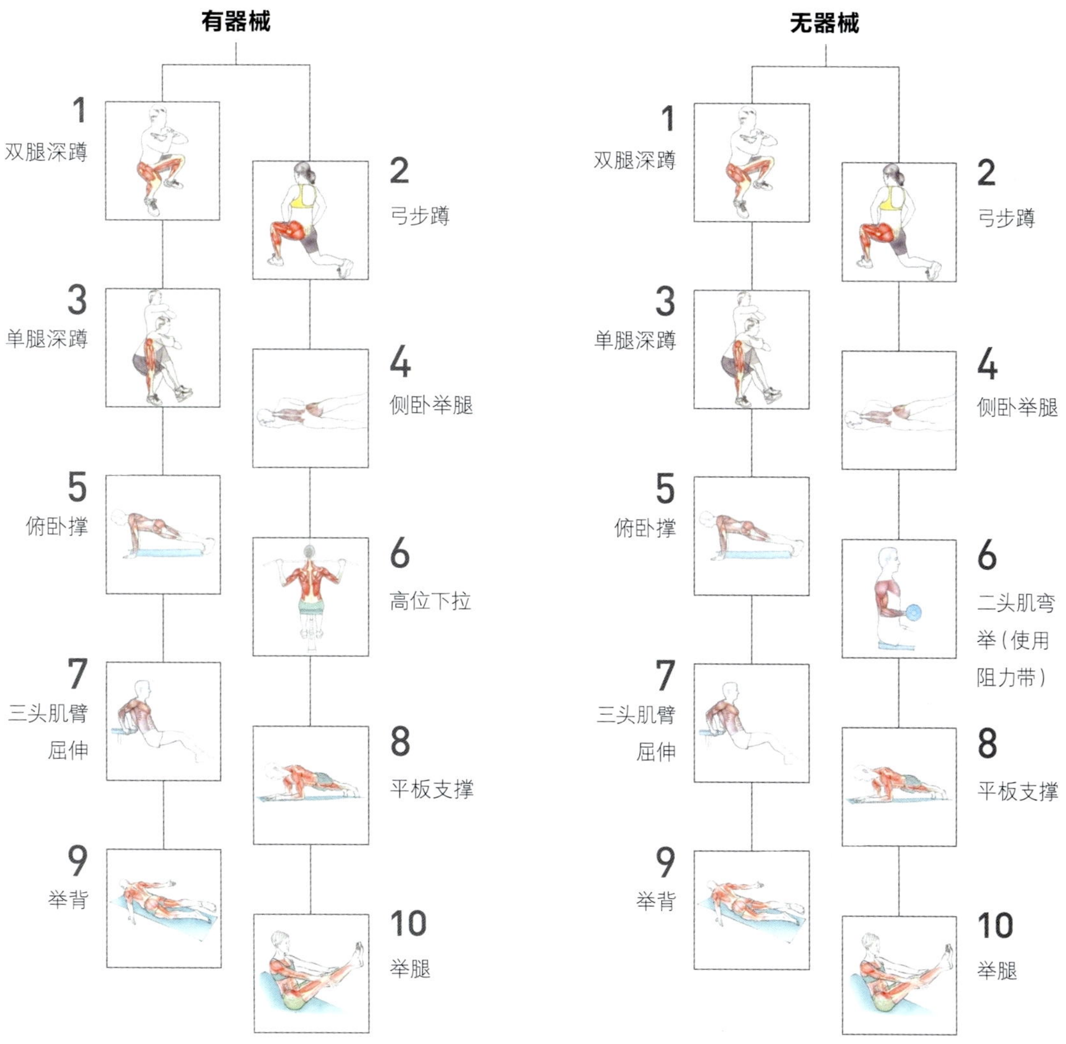

训练计划：中级者

训练2组，每组重复10~15次动作（身体核心提升X20次动作）

身板（躯干）：目标是保持45秒钟（如技术动作有变形，则可适量减少）

找到你针对每项练习的理想的负重，也就是你应该能够完成（既定）的动作次数，即恰好最后一次动作险些遭遇失败（的极限能力值）。

作为一则导引，你会将最大负重用于你的大肌肉群（例如在深蹲练习中的臀部和四头肌），而将最小负重用于你的小肌肉群（例如在哑铃划船练习中的肩部）。

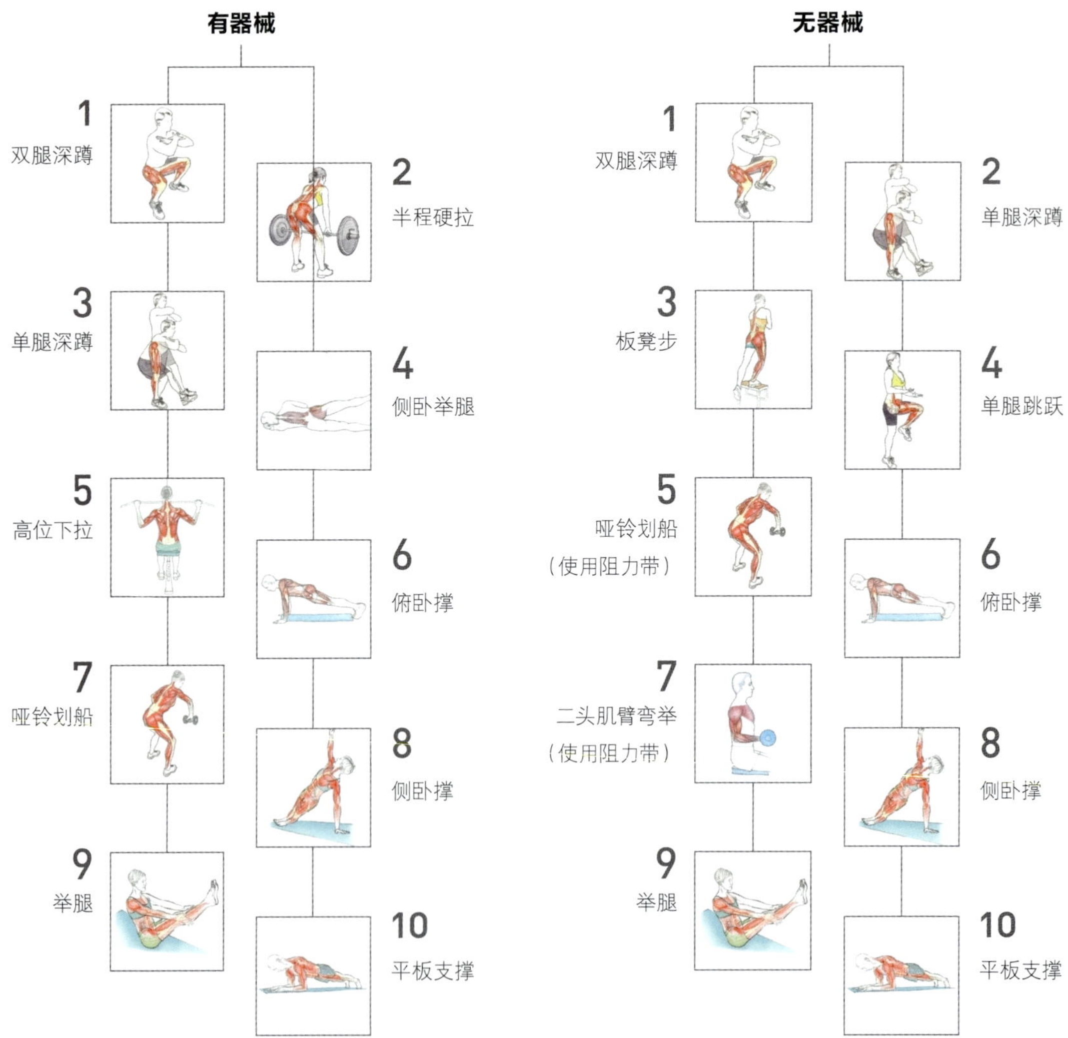

训练计划：高级者

训练3组，每组重复12~15次动作（身体核心提升X30次动作）

身板（躯干）：目标是保持1分钟至1分30秒钟（如技术动作有变形，则可适量减少）

找到你针对每项练习的理想的负重，也就是你应该能够完成（既定）的动作次数，即恰好最后一次动作险些遭遇失败（的极限能力值）。

作为一则导引，你会将最大负重用于你的大肌肉群（例如在深蹲练习中的臀部和四头肌），而将最小负重用于你的小肌肉群（例如在哑铃划船练习中的肩部）。

有器械

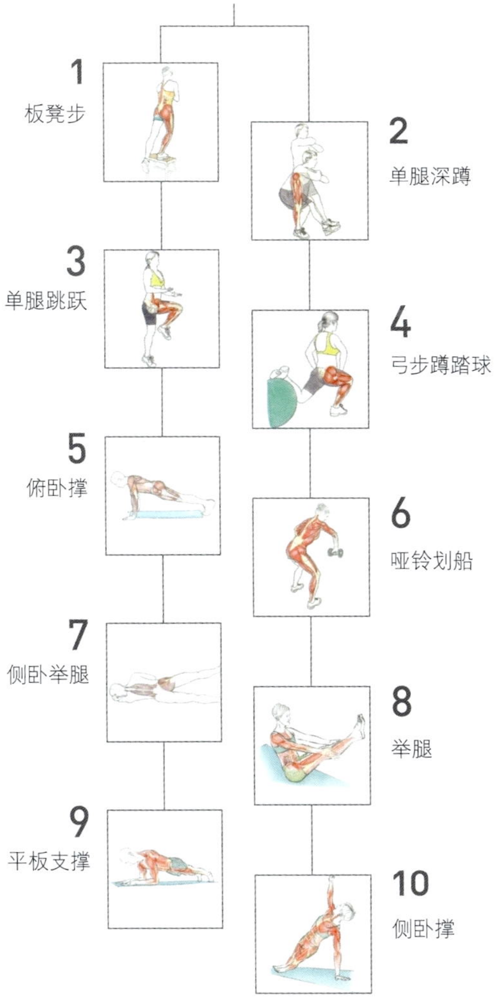

1 板凳步

2 单腿深蹲

3 单腿跳跃

4 弓步蹲踏球

5 俯卧撑

6 哑铃划船

7 侧卧举腿

8 举腿

9 平板支撑

10 侧卧撑

无器械

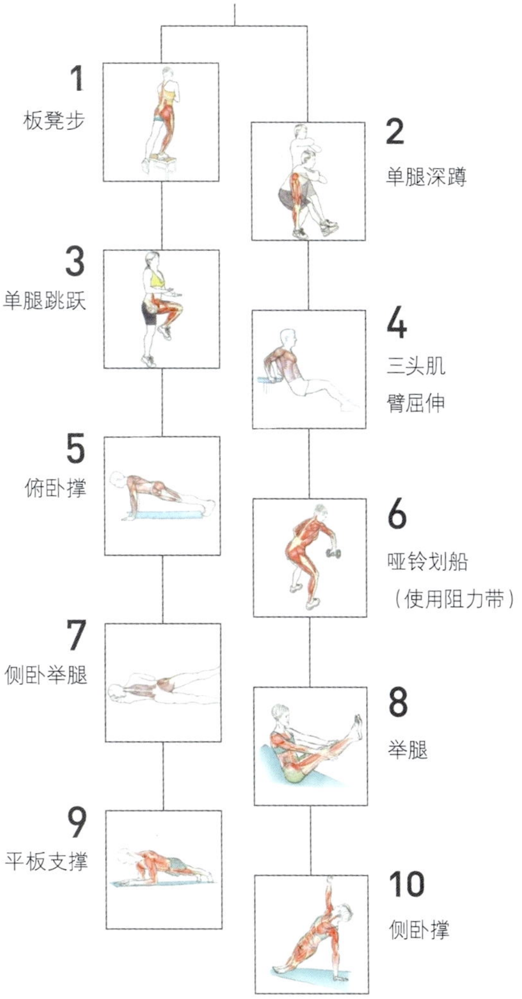

1 板凳步

2 单腿深蹲

3 单腿跳跃

4 三头肌臂屈伸

5 俯卧撑

6 哑铃划船（使用阻力带）

7 侧卧举腿

8 举腿

9 平板支撑

10 侧卧撑

营养

更加健康 · 更加充满活力 · 更加精力充沛

基础知识

饮食和营养对于任何运动中正确的训练管理而言都是一个基本的要素。

把你的身体比作一辆汽车，它可能有最强劲的引擎，最符合空气动力学的外观或最佳的设计，但如果没有燃料，它永远也不会跑起来。饮食对于你的身体来说就是天然的燃料。

饮食可以被分为基本的四大类：**碳水化合物、蛋白质、脂肪和液体，**而且他们之中的每一项对于我们身体的运行都同样的重要，可以源源不断地供给我们能量、耐力、抵抗力，以及自愈能力。

以上要素中的每一项对于我们人体的营养摄取都是最基本的，而且如果适量摄入，且与所有其他因素均衡地结合，那么对我们的身体和健康是绝对无害的。

碳水化合物是肌肉的燃料。它可以为肌肉的运行工作提供能量。

蛋白质在运动中无论何时受到何等损伤，都会一如既往地负责打造和修复机体的肌肉组织。

脂肪可以为你的机体做足能量的储备，而且可以帮助修正细胞的功能，另外还负责保持你机体的温度。

液体维持着正常的机体体液浓度和毒素排出。

以上提到的每一项要素的合理的结合，其变化调节取决于运动和机体的反应，将会提供给你日常训练和比赛所需的合理的营养物质。

对于一名运动员或一位活跃人物（专指那些每周至少训练三次，每次训练课不少于60分钟的人）来说，根据运动和训练量，每天基本的日常饮食应该达到日摄入3000~4500卡路里。这可能看起来要比你在健身俱乐部，或者慢跑时聊天听到的多很多，但是要记住这个常规饮食计划可不是让你用来减肥的，而是可以理解为你在一定的运动压力之下，机体可以达到所需的最佳表现。

如果你能在合适的时间吃到合适的食物，还能够像通常的训练计划一样，很认真地去计划你每周的日常饮食，体重就从来不会有任何问题，而且你就会理解一套合理的日常饮食（正如计划是要合理地供给你的机体，而非匆忙地去减肥）是如何确实像提高你的运动能力一样去提高你的生活。在运动中，营养与训练同等重要。重申一下，你的身体就好比汽车，需要合适的燃料以达到它的最佳性能。

在计划你的日常饮食之前，你需要理解四项关键步骤：

1.尽量不要把自己搞得太过饥饿，因为那样就会让自己走上错误的饮食取向，会让你对能找到的任何食物都狼吞虎咽。每天至少要分5次来进餐，而且每餐要标准化控制食量。

2.每餐还要至少进食3种不同类型的食物,因为“单一饮食”是不能够使你的机体正常消化，那些你不经常吃的东西。

选择不同种类的蔬菜、鱼和肉类，就可以提供给你机体所需的不同类型的维生素和矿物质。

3.通常每餐都是需要均衡所吃的食物元素。每餐都应该是基于碳水化合物与蛋白质、脂肪的结合（而摄入量因人而异，但其实一个不错的起步的均衡配比大致是：50%的碳水化合物，30%的蛋白质，再加上20%的脂肪）。

4.还应该尽量选择那些保持了其自然状态的食材。例如，一根香蕉就是要比一根能量棒好，而你直接吃橙子要好过饮用加工后的橙汁。

评估日常饮食

人们通常都会被自己的体型所烦扰。那也是一种正常的感觉，因为媒体世界每日传递给我们的那种话题和画面。当你一旦开始评估自己的饮食状态，就要尽力去忘掉你的体型，并且要现实地去想象你将通过运动锻炼来达到最终目标的那一刻。

通过这样的做法,你就能更加聚焦于理解、规划和实施健康合理的饮食方式，并随时应用到你的日常生活中去。

第一个问题：你吃早餐吗?

回答肯定是每天早上都应该吃早餐。

如果你有早起训练的安排，那更要比平时早起1.5小时左右，就是要保证能吃到一份足量的早餐。如果醒来得过早，而不太可能吃早餐，就要在前一天晚上尽量多吃些碳水化合物食品，那么可以维持到第二天早晨起来再补充些小点心和零食。很重要的一点就是，可以在训练前一小时吃些东西，因为这样可以保证血糖已经进入到你的血液里，并且肌肉可以利用昨晚上已储存在你血液中的那些能量。

还要避免高蛋白的早餐。而每一餐都应当基于围绕着摄入碳水化合物来进行。举一个理想的早餐膳食的小例子，可能会是这样：

- 干酪麦片粥、乳清干酪和一些坚果。
- 一杯牛奶或酸奶、一碗香蕉麦片，还有一些葡萄干。记得所有“全麸谷类”都是对肠道有压力，而不适合训练和比赛的。还要避免吃“糖衣谷物”。
- 三明治一个，由两片全麦面包和60克烟熏三文鱼做成（你也可以再加一些淡奶油奶酪），外加一个橙子，或者一杯橙汁。
- 酸奶加麦片，外加一块水果。

如果你感觉需要咖啡因的刺激和助力，那可以尽管去喝，因为他不会干扰你的训练（尽管它会导致一些人引起胃酸过多等不适）。这种情况都是因人而异的，取决于你要找到合理的摄入量，通过日复一日的测定和尝试以找到合理的比例和口味来适合你。

第二个问题：训练之后，你会吃快餐吗?

要记住训练之后的饮食是唯一可以补充你虚空的肌肉的方式。你可以选择何种你应该吃的快餐和点心，这取决于你的能量消耗以及到下一次训练课前的间歇时间。这就到了你真的要训练你的肌肉去摄入，并且在体内储存越来越多的糖原的时候了。

你有两种选择：要么吃低GI快餐，要么吃高GI的快餐补充。GI是血糖值的字母缩写，是用来衡量碳水化合物对血糖水平的影响。碳水化合物可以或慢此时GI较低或快GI较高地释放到血液中。

虽然对于控制糖尿病之类的疾病而言非常重要，但对于大多数运动员来说却并不那么真正担心控制GI。因为你必须决定的是你想从饮食中得到的那种恢复方式。

如果你在一天中有两次训练课，或者上午还有一次训练，那你可能需要一次高GI的恢复，可选用的食物就包括诸如玉米片、白面包、西瓜，或者是烤土豆。另一方面，看起来是一次低或中等GI的恢复，由于体内糖类的缓慢释放，从长远看来将会显得更加有效，可选用的食物就包括水果、蔬菜、全麦面包、意大利面、牛奶和酸奶。记住，在训练之后狼吞虎咽下去大量的蛋白质奶昔几乎毫无用处。

你需要的主要是碳水化合物来补充你的肌肉，而只有一些蛋白质可以恢复紧张的肌肉，并且可以帮助肌肉重建。

第三个问题：一天中曾经感到过饥饿吗？

如果你做了些感到饥饿的事情，那么你就需要调整计划，确保不再发生此类情况。你需要确保通过你数天的膳食经验，提前规划你自己的饮食和零食，并且要围绕你所熟知的自己所需的饮食来安排每一天的生活。

最理想的是你应该在离开家之前，享有一顿富有营养的早餐，零食只能在早餐后坚持大约4小时（对于大多数人在10~11点之间），和一顿午餐（最好在前一天晚上准备好，为的是避免你冲出去跑到超市，饥不择食大吃一顿那些自己所能在饭馆中找的食物。）一顿好晚餐（晚饭尽量要避免意大利面、面包、米饭，除非是为了比赛和比赛前夜），还有一直持续到晚上的点心。

第四个问题：你在训练中会感到疲劳吗？

关于训练中的疲劳问题可能有不同的答案。

- 低糖原的配置。一旦糖原被燃烧消耗，那么你就需要使用蛋白质和脂肪作为燃料补充，会引起血液运送更多的酮类到大脑中。在此情况下，你应该在训练前和训练后都摄取更多的碳水化合物，以此来教会你的肌肉随时为机体尽可能多地储存糖原。
- 脱水。一旦你缺乏液体就意味着机体无法正常降温。直接威胁到细胞的健康，造成二氧化碳和乳酸的排出更加困难。

碳水化合物

你也许读过的奇谈之一就是碳水化合物会引起肥胖（堆积脂肪），其实这并非实情。脂肪会引起肥胖，而碳水化合物是你需要摄入的基本燃料，并用来在你的肌肉中储备足够的体能。在运动膳食中，碳水化合物是你的营养摄取中所绝对必需的。

碳水化合物可被分为两种：简单的和复杂的。简单的碳水化合物是单糖（单一糖分子：果糖、葡萄糖和半乳糖）和二糖（两个糖分子：蔗糖、乳糖、蜂蜜和精制糖浆）。水果蔬菜含有很多不同种类的碳水化合物，这也就是你的膳食中为什么应该包含各种丰富种类的蔬菜水果的原因之一。

在人体消化的时候，你的胃会把糖类和碳水化合物先转化成葡萄糖，然后会再把它们转化为多聚物（由5个或更多的糖分子组成的链条）被称为糖原。糖原是关系到你能量水平的关键因素。糖原储存在你的肌肉和肝脏里，提供给你机体训练和比赛所需的适量的能量。

储存在你的肌肉里的糖原将承担诸如以下功能：能量贮存并转换给你的机体供训练所用，而储存在你肝脏里的糖原将提供一种“缓释的糖类”进入到你的血液中，以确保能有一个连续的糖类供给量到达你的大脑。这点非常重要，因为大脑的糖类供给量将严重地影响到你的运动能力。

你是否曾听说过，或者自己碰到过所谓的“撞墙”？这是一种很多运动员在其职业生涯中都遭遇过的境况。当你陷入此境地，就会变得确信你将不会最后完赛而到达终点。这其实不是抽象的心理层面概念，而仅仅是在那个时刻你没有更多的糖类（随血液）供应你的大脑。所以在你的肌肉和肝脏里储存适量的糖原将帮助你躲过这堵“墙”。

那么，不同类型的糖类之间的主要区别是什么呢？

精制糖、软饮料和能量饮料只能提供一种能量供应，而蔬菜和水果将提供不同含量的葡萄糖，还有维生素和矿物质，将帮助你以合理的方式启动和运行你的机体引擎。

通常可以尽量以其自然的方式来食用这些食材。比如全麦面包、粗面食和糙米饭等食物，因为你会发现在那些非精制产品中的所有营养元素都要比在精制产品中发现的更有价值。同样的概念也可以适用于烹熟的碳水化合物，而最好的就是轻微烹熟的蔬菜，目的就是为了保留他们内含的维生素和矿物质，连同糖类和淀粉。这引出了你应该意识到的非常重要的一点，你的肌肉不但需要通过运动来训练，而且还需要通过提升他们储存更多糖原的可能性。那你将如何去做呢？通过吃适合且适量的碳水化合物。

在训练期间，将你的肌肉置于压力之下，就是为了发展它们，使它们更强大。同时，通过提供给它们适量的碳水化合物，你将教会它们如何储存更多的糖原。

在100克的未经训练的肌肉组织中，只能储存大约13克的葡萄糖；但是相同质量的经过训练的肌肉组织中，竟能储存大约32克的葡萄糖；而同时如果换作是训练有素地加载碳水化合物的肌肉组织，那么就能够储存35~40克。

无须多说，接下来肌肉组织将表现得更好和更加耐久。

1 非精制食品比精制食品具有更好的营养价值。野生稻、全麦面包、粗面食、玉米花（无黄油的）、燕麦和麦片粥、生鲜水果和蔬菜，等等。

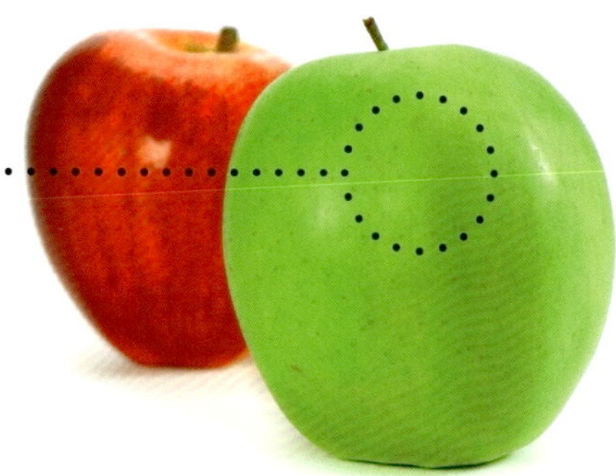

2 要常常确保你每日所有的膳食都要围绕着碳水化合物来安排。还要尽量按照专业的比例，如上所述来思考（50-30-20）。

3 要尽可能地变换一下你的膳食品种。其实有一个比较好的办法就是通过食材的颜色来安排规划你的餐饮（绿叶菜和西蓝花、土豆、青椒、胡萝卜、橙子、苹果、蓝莓，等等）。

4 还要经常确保运动前和运动后都要摄取适量的碳水化合物来恢复你的体能水平和血液中的糖类。
一旦体内的糖原耗尽，你的机体将开始燃烧脂肪而作为能量的补充。尽管基本概念是接下来会削弱你的胃功能，而在头脑中忍受这一过程也有害于你的运动能力，因为你的血液将运送酮，而非糖类去你的大脑，就会进一步放大你的疲劳，并影响你此时的情绪。

蛋白质

让我们开始来打破另一个传说：蛋白质不会令你强壮，而健身却可以。通常都会有一个类似被光环围绕着的魔力术语，比如蛋白质和氨基酸，对于一个肌肉发达的体魄来说相信会是很神秘的成分。别担心，其实根本没有那么神秘。

蛋白质在你体内有很多不同的角色。例如，帮助你建造新的并修复那些在运动中拉伤的肌肉，恰恰是你头发和指甲生长的源泉，激活你的免疫系统，最为重要的是帮助你代谢血液中的血红细胞。仅仅基于蛋白质的饮食是不可取的。饮用蛋白质混合饮品，食用过量的蛋白，或给自己填下大量的鸡胸肉反而会导致不良的后果。过量摄入蛋白质甚至会有负面作用。你的身体只能存储一定量的蛋白质和氨基酸，如果你的摄取值超出了这个定量就可能会要额外燃烧能量，来供机体运转消耗，或储存为糖原和脂肪。那么，如果存在如下蛋白质过量的情况，接下来可能有两个主要问题你需要直接面对。

1.这将有碍你去食用适量的碳水化合物，造成减低肌肉中储存的能量。

2.这会分解为尿素氮，一种你的身体通过尿液排出体外的有机化合物。而过量摄入蛋白质的人需要加大液体的摄入，以便尽可能多地排出尿素，从而导致频繁地去上洗手间。

而食用过量的蛋白质，你也会增加储存脂肪的机会。一个运动员能够消化的合理的蛋白质总量是因人而异的，但正如有一规则细节显示：大约每人每天每千克体重在1.2~1.6克蛋白质之间。而且通常要低于你每日通过正常摄入的肉类、鱼类、乳制品或者豆类。一个人理想的摄入值应该是每日总量在150~200克之间，而每日增加蛋白质你可以通过两份低脂的乳制品来获得（牛奶、酸奶和奶油）。

肉类可以被分为三种：白肉、红肉和鱼类。一个理想的运动餐饮安排应该在每周的食品计划中包含各种肉类。

- 其中鱼类是最佳选择，因为它含有的脂肪是非饱和类型的（包含著名的欧米伽ω-3）。所以比起通常在肉类和乳制品中可见的饱和型脂肪，鱼类显然是更好的选择。
- 白肉要比红肉好，因为白肉通常含有更少的脂肪（要看这是否为胸脯肉，或是尚好的带皮大腿肉和鸡腿肉）。
- 要依靠红肉，尽管不是最健康的选择，那每周最好也要安排补充3~4次。红肉含有铁和锌，而且铁还是血红蛋白的基本组成部分，该物质是一种专门负责将氧气运送到肌肉和大脑的蛋白质。如果你缺乏适量的铁，就会受到疲劳和疲惫的困扰。锌是一种矿物质，在你运动时将二氧化碳代谢出你的肌肉的过程中，扮演了一个重要的角色。好的红肉也会具有较低含量的饱和脂肪。

乳制品，你应该选择吃低脂的。半脱脂牛奶和酸奶很接近理想的摄取比例（其中含有的比例大约是40%的碳水化合物，35%的蛋白质和25%的脂肪），所以也称得上是一种绝佳的零食。

这是一种简单方法能摄取到蛋白质，同时也能提供维生素D和钙，以及适量的钾、磷和核黄素。

钾和磷能帮助你的机体在钙的代谢中增强你的骨骼，而核黄素则是一种维生素，可以帮助你的机体将食物转化为能量。

1 在白肉和红肉之间请优先选择鱼类，但是要确保每周你会摄取这三种肉。

2 每餐都要包含蛋白质食品。

3 你能够在自己直接吃到的食物里找到每日所需的所有的蛋白质——而无须使用运动混合饮料、能量棒和营养药片。

4 尽量要吃“低脂”的乳制品，每天至少一次，最好两次。

5 不要让自己过量食用蛋白质，因为那是无用的。

脂肪

脂肪在你的饮食规划中跟其他食品要素有着同样重要的作用。脂肪组织可以帮助提供给你机体的恒温，有助你保持皮肤和毛发的健康，并且还为你的内脏组织提供了安全的外衣。

最为重要的是，你要知道应该摄入什么类型的脂肪，并且摄入量为多少。脂肪也可以被划分为硬质脂肪和软质脂肪。硬质脂肪的存在形式是猪油、鸡皮和黄油等，而软质脂肪就存在于深受你喜爱的日常食谱中，例如橄榄油和菜籽油。

正如前文所述，来自脂肪的热量（卡路里）应该对应于大约20%的你的日常饮食。要记住一条最重要的事情就是，要远离氢化脂肪，只因它本是一种源自某个化学过程的非常不健康的产物，在此过程中氢离子会与单个的和多个非饱和脂肪分子相结合。

在你休息的时候其实也无须担心摄入脂肪。很多人都是这么认为：如果你在此时不做运动，那么肌肉就会变成肥肉，体重就会增加。但这并非事实，因为肌肉和脂肪是你机体的两个不同的组成部分，你只会因通过脂肪摄入的热量（卡路里）大于消耗值而增加重量，这在前文有述，两者是非常不同的概念。

你可能会发现有些人会在健身房里拼命地训练折磨他们的腰部，希望通过“过度训练”身体离腹部最近的部分，来减掉他们腹部多余的赘肉。

恰恰你需要理解的是，你要让全身都参与到运动中来，并且消耗掉已经摄入到体内的热量（卡路里），从而减掉多余的脂肪。不如按如下方法行事：如果你需要减脂，就要增长你的肌肉（在全身范围内），因为肌肉越大、消耗的热量会越多。而不要试图去给身体的某个特定的区域以“过度的压力”去运动减脂，因为那是无效的。

记住脂肪也恰恰是那个给你的食物增添诱人滋味的家伙，而且能帮助你将餐盘中的美食变得更加惹人喜爱！当你为了自己日常的运动和训练努力去坚持一份日常的饮食规划，尽量更多地去享受它，还可以在你的膳食中适量地添加健康的脂肪。

1 橄榄油是一种“单一非饱和脂肪”，而且是最佳选择。通常应当尽量去购买“特级鲜榨橄榄油”，并用它来烹饪和佐餐调配你想要的食物。而理想的用量应该是每餐两茶匙左右。

2 坚果像核桃、杏仁、开心果、夏威夷果、巴西坚果、松仁、橄榄也是摄取脂肪的好选择。

以上各种坚果每一种大小不同，而且脂肪含量也不尽相同，所以对它们进行逐一称重是很重要的，这样你就可以知道自己大概需要多少了。

例如：腰果、花生、杏仁、松仁，每餐大致需要9克的摄入量；

还有胡桃、夏威夷果、榛子、山核桃和开心果，每餐7~8克的摄入量；

鳄梨（又称牛油果）和青橄榄允许多一点，（约18克的鳄梨和30克的橄榄）。

3 鱼油是另一个不错的选择，因为它富含健康的脂肪。

然而，却没有多少人会喜欢它的味道，并且仅仅因为味道就浪费这一整顿的健康大餐，那就太可惜了。

液体

水是生命的基础（“生命之母”）。人类的肌体大部分由液体构成，故流失的液体必须被迅速恢复补充回来。

水有以下的作用：

- 它保持了你血液中的液体，帮助正常地“运来”氧气、糖原和脂肪，同时“带走”二氧化碳和乳酸。
- 它可以帮助机体降温，通过从肌肉吸收热量，排汗散热，通过汗液蒸发给皮肤降温，然后通过冷却后的皮肤给血液降温，从而再给各个器官降温。这可称得上是一个积极的“恶性循环”。

饥渴恐怕是最正常的机体感觉传递来的消息，让我们要注意自己需要恢复自身平衡了。但是当我们在对付运动方面的问题时，这种感觉就变得更为复杂。

当你在运动时会有许多变量需要你考虑。比如说准备得是否充分、天气因素、目标专注度、身体的训练能力等，正是因为你的身体充满了水分，你通常才不会觉得过热。在心理上，要有承受的准备，当你运动时，大脑将“饥渴”的信号传递给你时，那时已经失水大约1%了，而补水就有可能太晚了。真到那时，你的心脏会跳得很快，快过你所需，而且要比原本燃烧消耗更多的糖分。如果你损失到2%，你就真正属于失水了。再继续扩大损失达3%，那么你的机体将处于风险中，而且会受到损害。

此事的秘诀就是要像对待你的膳食一样好好规划你的饮水。评估一下你在训练课中丢失的那部分体液的价值。为此，就需要称一下你训练前和刚刚训练完毕在饮水前的净重。而两者的重量差就会给出你体液的损失量。

而你的尿液通常应该呈浅黄色；如果颜色发暗且发浓，那就意味着相对于水而言其中有太多的新陈代谢的废物产生。

一般要花费8~12小时，你的机体才能全面补水完毕，所以在每日生活和训练中要规划你的饮水。通过出汗，你不仅损失体内液体，还会损失电解质，例如镁、钾、钠、钙等。

通常，从饮水前的大约每千克体重5~8毫升的状态，开始你全面补水的训练课。你可以在饮品中增加钠离子，这将帮助你保持体内水分。

你不妨在训练后的膳食和饮料中用好钠离子这张牌。如果你需要为第二阶段来快速补水的话。而饮用含水量在30%~50%之间的流体、而多过于你在运动中所损失的水分，应该可以足够重建你体内液体的正常浓度。

要尽可能地远离酒精。它会引起严重的脱水，因为它是一种强效的利尿剂，而且会使你消耗比本来所需更多的液体。而且请记住酒精是一种镇静剂，它会大大地抑制你的运动技巧和你的情绪（控制）。

赛前和赛后规划

赛前

你的赛前训练应该是在赛事之前的那些日子里（见141~142页）逐渐下行趋缓，这是因为你的肌肉需要时间从艰苦的训练中恢复过来。在此期间，一旦你将训练负荷减低，你就应该重新构建肌肉中的糖原，给自身补水，并且通过吃些蛋白质来修复一下紧张的肌肉。

尽力去把你的赛前训练当作是一场针对真实赛场的最后的彩排。一些人认为只要是在比赛的前一天晚上用意大利面将自己填饱就足矣了，但事情显然比这要复杂一些。

平时在训练中就要教会你的肌肉储存足量的糖原，目的是在每堂训练课有一个足量的预留贮存。你在运动中训练肌肉越多，那么你的肌肉能够储存的糖原也就越多，如果引导被合理接受的话。

在比赛前的一周或两周，你就应该慢慢增加碳水化合物的摄入量，达到差不多每天100克。赛前的那天，你就应该从早餐时间开始以碳水化合物着手将能量载入自身机体。

每位运动员对比赛的反应可能截然不同。有些人在比赛前一天晚上照常饱餐一顿晚餐没有任何问题，也有人却发觉消化困难只因或是兴奋、或是担心。所以，从早餐开始以碳水化合物来激发自己。

还有，如果你感觉喜欢吃晚饭，要尽最大可能去变换碳水化合物的种类。

面食本身可能存在假象，但要记住水果和蔬菜还含有缓释的“糖类释放”碳水化合物的作用，他们将帮助恢复比赛后的耐力。要避免麸片和任何会引起胃部问题的食物。

每项运动它们在各自的摄取液体的过程中，都有其优点和缺点。自行车选手会夸口他们可以随时随身携带自己的饮料，永远不会在补水上无故浪费时间；而对于游泳运动员而言，一旦尘埃落定、比赛收尾，才会是补充饮料的时间；然后跑步者的情况会大致介于两者之间。在组织良好的赛事中几乎没有必要携带任何饮料，因为这些将由沿途已经设置好的补给站来提供。但是，通常也值得事先踩点考察一下补给站设置的间隔，以及站内到底提供何种饮料。其实宁可随身自带一瓶饮料，也好过途中跑到补给站时发现没有你平时惯用的饮品。训练总会为你带来不同维度的体验，并且你也会非常乐于携带那些跑步所需的装备。但是还有其他选择来变成一匹“快马”，例如你可以计划好你的线路恰恰经过哪些地方，你已知有饮水站（水龙头）和那种可以买到饮料的小商店（千万不要担心你用来花时间买水的那区区几秒钟）。另一种选择就是在跑前开车走一遍路线，再将你需要的饮料以一定的间隔放置在跑步线路两边的灌木丛或者墙后，然后每逢一处即稍事停歇，沿途边跑边把饮料找出来喝。

在比赛日的早上，根据活动的开始时间，有几条规则你需要遵循。

- 确保你早晨醒来时，用到正确的饮料平衡。你可以通过尿液的颜色，很容易地判别它。
- 先喝一大杯水并进食早餐，如果比赛过早，以至于来不及吃早餐，你就要确保在赛前的一小时能摄取到更多的碳水化合物。这将确保在贯穿于整个持续性比赛中，你的肝脏都能够制造出足够的糖分来运送到脑部。
- 在赛前1到2小时内补水，这样你就能够在比赛开始前将它排出。

比赛后

如你所见，在活动结束之后，你需要通过再平衡体内的糖原和体液让你的机体得以恢复。一定要充分利用好活动结束后的第一小时，因为那是机体吸收各种营养成分的最佳时期。

碳水化合物再加上一点蛋白质是将糖原输送到你肌肉的最佳选择，同时减少皮质醇和激素（那种在运动过程中会破坏你的肌肉的）的分泌。

根据你在下一次比赛之前或长或短的调整时间，你都需要找到一种合理的方式去使自己的肌肉和血液恢复正常。

不同的选手会根据自己不同的经验而选择不同的解决方案。主要的是要制定一个良好的营养计划。如果你已经熟知自己将要完成一系列的比赛，而且它们要在差不多时段收尾，就可能想在那个星期之前来计划你的膳食，那么用此方法你就可以在赛事之间更快地恢复。

如果你面临两项背靠背的比赛，那么你肯定会想确认在第一项赛事之后身体就得到快速恢复，尤其是在超负荷透支身体，并且处于高GI碳水化合物和液体状态；这种恢复不但是补充流体，而且还包括电解质（一些运动饮料可以做到），要尽可能多摄入，并且要从你尿液的颜色上来判断补水的程度，也可以对比你赛前、赛后的体重来判断。如果你碰巧在两天时间内有两场比赛去拼，那么就要记住从长远来看维持慢GI碳水化合物将更为有效。

如果你在赛后有充分的时间（大约一周）去恢复，那你就要确认再平衡一下自己的体内水分，还有加一点小吃结合碳水化合物，以及日常平衡的蛋白质，然后就是再花些时间恢复了；当然这就是要通过重启你在赛前准备时暂时搁置的那些营养膳食计划。

训练计划
制定计划 · 充分准备 · 参赛就绪

基础知识

在理想状态里，我们都期待能有“一对一”的教练，获得实验室测试来衡量我们健身水平，而且有足够的时间用来训练。

但是，我们中的大多数人却不得不让健身锻炼适应于紧张繁忙的日程安排，并且通过不很专业的途径寻求水平的提高。

本书介绍的训练项目将会帮助你针对你的目标赛事来制定计划，无论是针对一位短跑冲刺的新手，还是一位老道的铁人。无论你选择哪个项目，都要预先通读一下适当的概览，并且在启动之前，要确认一下你目前的健康状况适合哪种运动负荷。

基本上来说，有4项要素会对任何一项训练计划的结果产生影响。

- 技术
- 训练量
- 强度
- 休息

技术（见第28~73页）应该贯彻应用于所有项目中去，而且如果可以做到勤学苦练，那么就能够获得速度和效率两方面的提高，从而导致总体运动表现在各个层次上全面突破。

训练量是指一周训练的总量，并且可以根据一年内的时段不同、训练周期的目的不同而增加或减少。

强度指的是你投入到每项运动训练并确保做得正确而付出的努力程度，它对健康产生巨大影响，往往意味着登上峰顶和精疲力尽的差别。

最后一项，也是最重要的一项，休息因素。它必须要被列入到训练计划的清单中，可以把你从训练中获得的利益最大化，并使受伤的风险降至最低。休息是非常重要的，通常需要考虑将足够的休息安排到你的训练计划中。

制定自己的私人训练计划

一个最好的训练计划就是为你而专门设计，且只为你一人定制。

而你训练的进展取决于一系列变量，包括年龄、体重、当前的健康状况、时间限制和你的能动性，等等。而这些因素你考虑得越多，就能更好地制定出一个对你有用的计划来。

使用这本书附录的培训课程作为指南，只需准备将格式更改为适合你的日程安排即可。如果由于工作原因你不适合此课程，可以重新安排它或者干脆取消。同理也适用于训练的长度，如果你发现书中陈述的训练设值对于你目前的能力而言时间太长，或者过于繁重，那么就可以减量到更易于管理的水平，其他的训练计划也可以做类似的调整。

反过来说也许更好理解，就是有些从事铁人三项的选手是来自跑步背景。在这种情况下，跑步训练量可能会因为这一因素而提升。但无论你之前的经历如何，你头脑中都要保持“三项合一”的原则，以及把所有这些因素都整合到自己的个人计划中去。

许多铁人会掉入数字陷阱，并且只沉溺于训练距离的上升。要避免犯下常识性的错误，而要以寻求那种基于高质量训练方法的循序渐进式的进步，而非那些看起来仅仅是打发时间式的不规范的训练。无论何种原因，如果你不得不错过一节或几节训练课，千万不要觉得一定要在本周的晚些时候补回这个缺失，其实你只需等待时机成熟时（在下一个可能的时间点），重启你的训练计划即可。

训练计划和强度区间

最大的“失败计划，计划失败”关系到你可能参赛的每项赛事，从5公里跑直到铁人三项。铁三是一项非常综合性的运动，包含执行力、装备，以及有机结合而防止混乱。通过事先精心设计训练日程表，你完全可以将问题区域分开，例如营养、换项，以及日复一日地训练以获取信心。

训练计划可分为三个阶段（基础阶段、发展阶段和巅峰阶段），每一阶段都需持续数周的训练，而每一阶段都有其不同的侧重点。而健康也就此逐步地分阶段有序地建立起来，以至于会在临近你的赛事的时候而达到一种巅峰的运动能力。为了降低过度训练的风险，并使健康最大化，应在比赛前的2~4周的训练中引入一个 “锥形周期”。

基础阶段

早期训练周期主要专注于利用相对较低的运动强度的扩展训练建立有氧能力系统。对于有经验的铁三选手来说，甚至可以在基础阶段包含一些速度训练，但是对于新手却是不可取的。如果你是从事某项运动的新手，或者在过去的12个月内并没有做过太多的运动，那么不妨利用这段时间来慢慢地延长你的运动长度，但要注意保持最低的运动强度。每个项目的长距离训练在日复一日循序渐进中得到增长，可以打造机体的耐力和有氧运动能力，而且跟你参与比赛的距离成正比。要专注于全部三个项目的技巧和技术，而且尤其要注意那些薄弱环节。

有经验的铁三选手往往以“超长距离的训练”去包含“较短距离的比赛”，而在此阶段完成训练最大的运动量。

发展阶段

当今的训练会普遍采取一种称之为“面向比赛”的感觉。经验丰富的铁三选手会制定所谓的“砖块训练法”（一次训练包含两个不同的项目）以某种间隔，或接近比赛的节奏，以提高肌肉的耐力，并且近似比赛的实际需求。而新手们最好是努力通过不断地提升距离和里程，而非强度，并且学会相应地掌握自己的节奏。

每项每周训练的长度不断地提升，会在赛前2~4周达到峰值。从游泳到自行车和自行车到跑步训练应该就像着装彩排，同时每个比赛日也都设有换项区。

巅峰阶段

这一阶段，来自之前数周的健身水平和耐力技巧非常宝贵。因为经验丰富的铁三选手的训练包含了“比赛节奏”的砖块式训练，伴以最高的强度、拉长的间距。恢复在此阶段需要被摆在最优先的首位，因为此时体能行将耗尽，并且受伤的风险非常之高。

每周的训练计划通常围绕着一个或者可能两个主题训练构成，而这些都要面向模拟特定的真实比赛要素来进行。而在合适的时期，可以在较短的间隙以快于比赛的节奏穿插进行砖块式训练，来调动速度耐力肌纤维，以及进一步增强耐久力。这种长时间训练、期间穿插高强度的方法，需要紧接着安排一个合适的休息和恢复期。

锥形法

锥形法的实施长度取决于一些特定的因素，包括当前的健身水平、训练总量和比赛的长度，等等。这些拥有每周很高总量的训练，或者对于一个长距离的比赛，最好是给到一个长达4周的锥形法来适应和恢复。这当然也适用于那些经验丰富的铁三老手们，他们拥有很高的健身水平，而且可以从较长期内的减量调整中获益良多。

在锥形期内训练总量会显著地下降，但是还要保持训练的频率以防止体型的走样。而新手们入门仍旧可以继续增加训练的里程以逼近比赛日赛事长度，借以提供给他们持续的积极良性的反馈。

休息周

每一个训练单元都应设置一个休息周，以便让头脑和身体去适应这种运动负荷。实际效果可以用减低总量，而非降低频率和干脆砍掉所有训练时间。对于新手而言，每三周就应有一个休息调整周。而对于其他人的计划而言，可以安排每四周有一个休息调整周。

强度区间

抛开技术而言，你现在已知训练总量、运动强度和恢复休息是进步的关键因素。而循序渐进地增加运动距离，以低运动强度来加强有氧系统，以及调动你自身的脂肪燃烧能力，会帮助你训练得更长久。适度的休息将令你的机体充分地吸收这些训练量，令肌肉可以更适应和增长得更强壮。

运动强度是其中的关键点，它也许仍是在训练计划的所有要素中是被人们理解最少，而且是最经常被冠以恶名的。一个常见的错误就是任何时候都以一种频率来训练。这造成了健身水平的停滞期，而且会阻止肌纤维的补充来更好地适应比赛的需求。

对于训练中的问题来说，其他错误如不是练得太艰苦、就是太过容易。而这有类似的负面影响，并且阻止了机体充分地适应增长的训练负荷。

要去好好理解运动强度，就有必要去了解一些心率百分比，以及在理想情况下启用心率监测仪（见76~79页）等方面的知识。大多数的铁三的训练时间都花费在第1强度区间和第2强度区间，以打造出强壮的有氧系统。

第1强度区间（50%~60%的最大心率）

“低强度”的训练是以从简单到中等的节奏来引导的。它可以从艰苦的训练中通过排出肌肉中的毒素和保证营养的补充，来刺激加速机体的恢复过程。在基础阶段内对于“长距离”训练而言，这是一个理想的强度，而本阶段节奏是第一位的。所以新手的训练应该大多数落在第1强度区间，因为这里对机体会有较少的压力，并且需要较少的恢复时间。

第2强度区间（60%~70%的最大心率）

以更高的强度训练需要调动机体内更多的耐力性肌纤维。在有氧运动阈值之下的从初级到中级的难度级别上，“慢速收缩肌纤维”能够保持更长的训练时间。低强度的训练可以代谢掉脂肪作为燃料，并且保留有限储存的碳水化合物，为将来更为艰苦的努力做准备。

第3强度区间（70%~80%的最大心率）

关键的生理变化就发生在这一强度上，包括调动速度耐力肌纤维，以及更大的侧重去燃烧碳水化合物。而大量的时间花费在上述的有氧运动阈值上，却降低了你保持长距离耐力的能力，并且加快了疲劳的产生。经验丰富的选手有时利用这一强度区间在由基础训练准备转向下一阶段更高强度的训练。

第4强度区间（80%~90%的最大心率）

第4强度区间的训练采用机体具备耐力和速度的肌纤维。但是一旦达到无氧运动阈值，那么持续运动的时间将被限制。由于强度区间与更高等级的疲劳和肌肉压力有关，故切勿花太长周期在此区间内训练。

新手们最好干脆躲开此区间，直到利用一两年时间将基础训练建立好之后。

第5强度区间（90%~100%的最大心率）

这一区域适合那些短期投入，快速的活动，并且取决于不同的运动系统，其实并不常用于铁三运动的训练之中。在最高的运动强度，“快速收缩肌纤维”被调动去燃烧碳水化合物，作为主要的燃料来源。在此强度区间内训练可以快速产出效益，就像第4强度区间。但是恢复的成本可是显著地提高，而且也仅仅适用于那些资深的铁人三项选手。

●更多有关于强度区间的信息，可见76~79页。

使用这些计划的关键

游泳训练包含重复数组，伴以休息间隙。例如，4x100+10、3x200+20、Zone1-2，分别表示100米游泳重复4组，在每组之间有10秒钟的休息；紧跟着是200米游泳重复3组，在每组之间进行20秒钟的休息调整，这里运动强度应该保持在强度区间1~2内（见143页）。那些你看到标注RP之处（例如，1x200RP）这表示此处应该以比赛节奏完成。而那些你看到标注alt之处（例如，12x15alt）这表示应该做完一组剧烈周期运动后，再跟上一组轻松周期运动。

砖式训练（例如，骑行/跑步）表示你预期在一个训练周期内完成2个项目的练习。例如，骑行/跑步，30分钟/10分钟，强度区间 1表示骑行30分钟，然后跑步10分钟，运动强度落在强度区间 1中（见143页）。

换项跑（例如，骑行/过渡跑）目的在于让你的肌肉适应运动项目的变化。例如，骑行/过渡跑，90分钟/5分钟，强度区间1表示骑行90分钟，然后配合一个短暂的5分钟的跑步，运动强度皆处在强度区间1（见143页）。

短距离：新手不宜

		周一	周二	周三	周四	周五	周六	周日	总时长
基础 1	第1周	**游泳** 4x50 +60 强度区间 1	**骑行** 20 分钟 强度区间 1	**休息**	**跑步** 15 分钟 强度区间 1	**游泳** 4x50 +60 强度区间 1	**休息**	**骑行/过渡跑** 30 分钟/5 分钟 强度区间 1	**1 小时 40 分钟**
	第2周	**游泳** 4x50 +60 强度区间 1	**骑行** 20 分钟 强度区间 1	**休息**	**跑步** 20 分钟 强度区间 1	**游泳** 4x50 +60 强度区间 1	**休息**	**骑行/过渡跑** 40 分钟/5 分钟 强度区间 1	**2 小时**
	第3周	**游泳** 2x50 +60 强度区间 1	**骑行** 20 分钟 强度区间 1	**休息**	**跑步** 15 分钟 强度区间 1	**游泳** 2x50 +60 强度区间 1	**休息**	**骑行/过渡跑** 30 分钟/5 分钟 强度区间 1	**1 小时 40 分钟**
基础 2	第4周	**游泳** 6x50 +60 强度区间 1	**骑行** 30 分钟 强度区间 1	**休息**	**跑步** 20 分钟 强度区间 1	**游泳** 2x100 +60 强度区间 1	**休息**	**骑行/过渡跑** 40 分钟/10 分钟 强度区间 1	**2 小时 20 分钟**
	第5周	**游泳** 8x50 +60 强度区间 1	**骑行** 30 分钟 强度区间 1	**休息**	**跑步** 25 分钟 强度区间 1	**游泳** 2x100 +30 强度区间 1	**休息**	**骑行/过渡跑** 50 分钟/10 分钟 强度区间 1	**2 小时 40 分钟**
	第6周	**游泳** 4x50 +30 强度区间 1	**骑行** 20 分钟 强度区间 1	**休息**	**跑步** 20 分钟 强度区间 1	**游泳** 4x50 +60 强度区间 1	**休息**	**骑行/过渡跑** 40 分钟/5 分钟 强度区间 1	**2 小时**
基础 3	第7周	**游泳** 2x100 +60 强度区间 1~2	**骑行** 40 分钟 强度区间 2	**休息**	**跑步** 25 分钟 强度区间 1	**游泳** 3x100 +60 强度区间 1	**休息**	**骑行/过渡跑** 50 分钟/10 分钟 强度区间 1	**3 小时**
	第8周	**游泳** 3x100 +60 强度区间 1~2	**骑行** 40 分钟 强度区间 2	**休息**	**跑步** 30 分钟 强度区间 1	**游泳** 1x200 +60 强度区间 1	**休息**	**骑行/过渡跑** 60 分钟/10 分钟 强度区间 1	**3 小时 20 分钟**
	第9周	**游泳** 2x100 +30 强度区间 1	**骑行** 30 分钟 强度区间 2	**休息**	**跑步** 25 分钟 强度区间 1	**游泳** 2x100 +60 强度区间 1	**休息**	**骑行/过渡跑** 50 分钟/5 分钟 强度区间 1	**2 小时 30 分钟**
	第10周	**游泳** 4x100 +30 强度区间 1~2	**骑行** 40 分钟 强度区间 2	**休息**	**跑步** 30 分钟 强度区间 1	**游泳** 2x100 +30 强度区间 1	**休息**	**骑行/过渡跑** 70 分钟/10 分钟 强度区间 1	**3 小时 40 分钟**
峰值	第11周	**游泳** 2x200 +60 强度区间 1~2	**骑行** 40 分钟 强度区间 2	**休息**	**跑步** 25 分钟 强度区间 1	**游泳** 1x400 +60 强度区间 1	**休息**	**骑行/过渡跑** 40 分钟/5 分钟 强度区间 1	**2 小时 30 分钟**
比赛	第12周	**游泳** 2x200 +60 强度区间 1	**骑行** 30 分钟 强度区间 1	**休息**	**跑步** 20 分钟 强度区间 1	**休息**	**骑行/跑步** 15 分钟/5 分钟 强度区间 1~2	**比赛!**	**1 小时 30 分钟 + 比赛**

换项训练，被称之为第4项，可以放在一个轻松的训练日里面去练习。要像在比赛日那样，可以将你的全套装备都用上，并且多加练习换项中有关装备的环节。你也可以在砖式练习中来做这些。

注意：有时候很难让一次训练的时间一直保持停留在强度区间1内，因为有一系列因素，例如，山地、疲劳等有将你的心率推高的趋势，在这些情况下，就要尽快地将你的运动负荷减低下来。

赛前训练：比赛前一天的训练应该保持在低强度，但可以偶尔一个较高强度上辅以短暂爆发，以期可以刺激你的肌肉，为比赛做好准备。

短距离：新手适宜

		周一	周二	周三	周四	周五	周六	周日	总时长
基础 1	第1周	游泳 4x50 +60 强度区间 1	跑步 10 分钟 强度区间 1	骑行 30 分钟 强度区间 1	游泳 2x100 +60 强度区间 1	跑步 15 分钟 强度区间 1	休息	骑行/过渡跑 30 分钟/5 分钟 强度区间 1	2 小时
	第2周	游泳 6x50 +60 强度区间 1	跑步 15 分钟 强度区间 1	骑行 30 分钟 强度区间 1	游泳 2x100 +30 强度区间 1	跑步 15 分钟 强度区间 1	休息	骑行/过渡跑 45 分钟/5 分钟 强度区间 1	2 小时 20 分钟
	第3周	游泳 4x50 +60 强度区间 1	休息	骑行/跑步 30 分钟/10 分钟 强度区间 1	游泳 2x100 +60 强度区间 1	跑步 10 分钟 强度区间 1	休息	骑行/过渡跑 30 分钟/5 分钟 强度区间 1	2 小时
基础 2	第4周	游泳 8x50 +60 强度区间 1~2	跑步 20 分钟 强度区间 1	骑行 30 分钟 强度区间 1~2	游泳 4x100 +60 强度区间 1	跑步 15 分钟 强度区间 1~2	休息	骑行/过渡跑 45 分钟/5 分钟 强度区间 1	2 小时 40 分钟
	第5周	游泳 4x100 +30 强度区间 1~2	跑步 25 分钟 强度区间 1	骑行 30 分钟 强度区间s 1~2	游泳 2x200 +30 强度区间 1~2	跑步 15 分钟 强度区间 1~2	休息	骑行/过渡跑 60 分钟/5 分钟 强度区间 1	3 小时
	第6周	游泳 4x50 +60 强度区间 1~2	休息	骑行/跑步 30 分钟/10 分钟 强度区间 1~2	游泳 4x100 +60 强度区间 1	跑步 15 分钟 强度区间 1	休息	骑行/过渡跑 45 分钟/5 分钟 强度区间 1	2 小时 40 分钟
基础 3	第7周	游泳 10x25 +20 强度区间 1~2	跑步 30 分钟 强度区间 1	骑行 40 分钟 强度区间 2	游泳 1x200 +60 强度区间 1	跑步 15 分钟 强度区间 2	休息	骑行/过渡跑 60 分钟/10 分钟 强度区间 1	3 小时 20 分钟
	第8周	游泳 4x100 +20 强度区间 1~2	跑步 35 分钟 强度区间 1	骑行 40 分钟 强度区间 2	游泳 6x100 +30 强度区间 1	跑步 15 分钟 强度区间 2	休息	骑行/过渡跑 75 分钟/10 分钟 强度区间 1	3 小时 40 分钟
	第9周	游泳 2x200 +30 强度区间 1~2	休息	骑行/跑步 40 分钟/15 分钟 强度区间 2	游泳 4x100 +60 强度区间 1	跑步 10 分钟 强度区间 1	休息	骑行/过渡跑 60 分钟/10 分钟 强度区间 1	3 小时
	第10周	游泳 8x50 +30 强度区间 1~2	跑步 40 分钟 强度区间 1	骑行 40 分钟 强度区间 2	游泳 1x400 +60 强度区间 1	跑步 20 分钟 强度区间1~2	休息	骑行/过渡跑 75 分钟/10 分钟 强度区间 1	4 小时
峰值	第11周	游泳 2x200 +30 强度区间 1~2	跑步 30 分钟 强度区间 1	骑行 30 分钟 强度区间 2	游泳 4x100 +20 强度区间 1	跑步 15 分钟 强度区间 1~2	休息	骑行/过渡跑 40 分钟/5 分钟 强度区间 1	3 小时 20 分钟
比赛	第12周	游泳 4x100 +60 强度区间 1	休息	骑行/跑步 20 分钟/10 分钟 强度区间 1	游泳 4x100 +60 强度区间 1	跑步 10 分钟 强度区间 1~2	骑行/跑步 15 分钟/5 分钟 强度区间1~2	比赛!	1 小时 40 分钟 + 比赛

短距离：中级者

		周一	周二	周三	周四	周五	周六	周日	总时长
基础 1	第1周	游泳 8x50 +10 4x100 +20 强度区间 1~2	跑步 20 分钟 强度区间 2	骑行 60 分钟 强度区间 2	游泳 4x100 +60 1x200 +60 强度区间 1	跑步 30 分钟 强度区间 2	休息	骑行/过渡跑 30 分钟/5 分钟 强度区间1~2	3 小时
	第2周	游泳 10x50 +10 4x100 +20 强度区间 1	跑步 25 分钟 强度区间 2	骑行 60 分钟 强度区间 2	游泳 2x200 +60 4x100 +60 强度区间 1~2	跑步 35 分钟 强度区间 2	休息	骑行/过渡跑 45 分钟/5 分钟 强度区间 1~2	3 小时 20 分钟
	第3周	游泳 12x50 +10 4x100 +20 强度区间 1~2	跑步 30 分钟 强度区间 2	骑行 60 分钟 强度区间 2	游泳 3x200 +30 4x100 +30 强度区间 1~2	跑步 40 分钟 强度区间 2	休息	骑行/过渡跑 60 分钟/5 分钟 强度区间 1~2	3 小时 40 分钟
	第4周	游泳 4x50 +20 2x100 +30 强度区间 1~2	休息	骑行/跑步 30 分钟/10 分钟 强度区间 2	游泳 3x200 +60 强度区间 1	跑步 35 分钟 强度区间 2	休息	骑行/过渡跑 45 分钟/5 分钟 强度区间 1~2	3 小时
基础 2	第5周	游泳 8x50 +5 5x100 +20 强度区间 1~2	跑步 30 分钟 强度区间 2	骑行 70 分钟 强度区间 2	游泳 1x200 +60 RP	跑步 45 分钟 强度区间 2	休息	骑行/过渡跑 60 分钟/10 分钟 强度区间 1~2	4 小时
	第6周	游泳 10x50 +5 5x100 +20 强度区间 1~2	跑步 35 分钟 强度区间 2	骑行 70 分钟 强度区间 2	游泳 5x100 +20 3x200 +20 强度区间 1~2	跑步 50 分钟 强度区间 2	休息	骑行/过渡跑 75 分钟/ 10 分钟 强度区间 1~2	4 小时 20 分钟
	第7周	游泳 12x50 +5 5x100 +20 强度区间 1~2	跑步 40 分钟 强度区间 2	骑行 70 分钟 强度区间 2	游泳 4x100 +20 1x400 +60 强度区间 1~2	跑步 55 分钟 强度区间 2	休息	骑行/过渡跑 90 分钟/10 分钟 强度区间 1~2	4 小时 40 分钟
	第8周	游泳 6x50 +10 4x100 +30 强度区间 1~2	休息	骑行/跑步 45 分钟/20 分钟 强度区间 2	游泳 4x100 +30 2x200 +30 强度区间 1	跑步 50 分钟 强度区间 2	休息	骑行/过渡跑 75 分钟/10 分钟 强度区间 1~2	3 小时 20 分钟
发展	第9周	游泳 10x50 +10 alt 2x200 +20 强度区间 1~2	跑步 30 分钟 强度区间 4	骑行 60 分钟 强度区间 1~4	游泳 4x100 +30 1x500 +60 强度区间 2	跑步 60 分钟 强度区间 2	休息	骑行/过渡跑 90 分钟/20 分钟 强度区间 1~2	5 小时
	第10周	游泳 12x50 +10 alt 2x200 +20 强度区间 2	跑步 30 分钟 强度区间 4	骑行 60 分钟 强度区间 1~4	游泳 1x500 +60 RP	跑步 65 分钟 强度区间 2	休息	骑行/过渡跑 105 分钟/20 分钟 强度区间 1~2	5 小时 20 分钟
峰值	第11周	游泳 4x100 +10 2x200 +10 强度区间 1~2	跑步 20 分钟 强度区间 4	骑行 60 分钟 强度区间 1~4	游泳 4x100 +30 2x200 +30 强度区间 2	跑步 70 分钟 强度区间 2	休息	骑行/过渡跑 60 分钟/10 分钟 强度区间 1~2	4 小时 40 分钟
比赛	第12周	游泳 2x100 +20 2x200 +20 强度区间 1	跑步 20 分钟 强度区间 1~2	骑行 60 分钟 强度区间 1~2	游泳 1x400 +60 强度区间 1	休息	骑行/跑步 20 分钟/10 分钟 强度区间 1~4	比赛!	2 小时 40 分钟 + 比赛

短距离：高级者

阶段	周	时段	周一	周二	周三	周四	周五	周六	周日	总时长
基础 1	第1周	上午	游泳 4x100 +10 3x200 +20 强度区间 1~2	骑行 60 分钟 强度区间 1~3	游泳 8x50 +10 8x50 +5 强度区间 1~2	骑行 60 分钟 强度区间 2	游泳 6x200 +30 强度区间 1	休息	骑行/过渡跑 60 分钟/10 分钟 强度区间 1~2	7 小时
		下午	跑步 30 分钟 强度区间 1	X-train	跑步 30 分钟 强度区间 1~3	X-train	跑步 40 分钟 强度区间 2	休息		
	第2周	上午	游泳 6x100 +10 3x200 +10 强度区间 1~2	骑行 75 分钟 强度区间 1-3	游泳 10x25 +5 6x100 +10 强度区间 1~2	骑行 60 分钟 强度区间 2	游泳 6x200 +20 强度区间 1	休息	骑行/过渡跑 75 分钟/10 分钟 强度区间 1~2	7 小时 30 分钟
		下午	跑步 30 分钟 强度区间 1	X-train	跑步 40 分钟 强度区间 1~3	X-train	跑步 45 分钟 强度区间 2	休息		
	第3周	上午	游泳 8x100 +10 3x200 +20 强度区间 1~2	骑行 90 分钟 强度区间 1~3	游泳 10x50 +10 10x50 +5 强度区间 1~2	骑行 60 分钟 强度区间 2	游泳 8x200 +20 强度区间 1	休息	骑行/过渡跑 90 分钟/10 分钟 强度区间 1~2	8 小时
		下午	跑步 30 分钟 强度区间 1	X-train	跑步 50 分钟 强度区间 1~3	X-train	跑步 50 分钟 强度区间 2	休息		
	第4周	上午	游泳 4x100 +10 3x200 +20 强度区间 1~2	骑行/跑步 60 分钟/20 分钟 强度区间 1~2	游泳 12x25 +10 alt 4x100 +10 强度区间 1~2	骑行 40 分钟 强度区间 2	游泳 4x200 +60 强度区间 2	休息	骑行/过渡跑 60 分钟/10 分钟 强度区间 1~2	7 小时
		下午		X-train	跑步 30 分钟 强度区间 1	X-train	跑步 30 分钟 强度区间 1	休息		
基础 2	第5周	上午	游泳 6x100 +30 3x200 +30 强度区间 1~2	骑行 75 分钟 强度区间 1~3	游泳 10x50 +5 2x200 +10 强度区间 1~2	骑行 90 分钟 强度区间 1~2	游泳 4x400 +30 强度区间 1	休息	骑行/过渡跑 90 分钟/10 分钟 强度区间 1~2	8 小时 30 分钟
		下午	跑步 40 分钟 强度区间 1	X-train	跑步 40 分钟 强度区间 1~3	X-train	跑步 55 分钟 强度区间 2	休息		
	第6周	上午	游泳 6x100 +5 2x200 +10 强度区间 1~2	骑行 90 分钟 强度区间 1~3	游泳 12x50 +5 2x200 +10 强度区间 1~2	骑行 90 分钟 强度区间 1~2	游泳 4x500 +60 强度区间 1	休息	骑行/过渡跑 120 分钟/10 分钟 强度区间 1~2	9 小时
		下午	跑步 40 分钟 强度区间 1	X-train	跑步 50 分钟 强度区间 1~3	X-train	跑步 60 分钟 强度区间 2	休息		
	第7周	上午	游泳 8x100 +5 2x200 +10 强度区间 1~2	骑行 120 分钟 强度区间 1~3	游泳 14x50 +5 2x200 +10 强度区间 1~2	骑行 90 分钟 强度区间 1~2	游泳 4x500 +30 强度区间 1	休息	骑行/过渡跑 135 分钟/10 分钟 强度区间 1~2	9 小时 30 分钟
		下午	跑步 40 分钟 强度区间 1	X-train	跑步 60 分钟 强度区间 1~3	X-train	跑步 65 分钟 强度区间 1	休息		
	第8周	上午	游泳 6x100 +5 3x200 +10 强度区间 1~2	骑行/跑步 90 分钟/30 分钟 强度区间 1~3	游泳 6x100 +10 1x200 +20 强度区间 1	骑行 60 分钟 强度区间 1~2	游泳 4x400 +60 强度区间 1	休息	骑行/过渡跑 90 分钟/10 分钟 强度区间 1~2	8 小时 30 分钟
		下午		X-train	跑步 40 分钟 强度区间 1	X-train	跑步 40 分钟 强度区间 2	休息		
发展	第9周	上午	游泳 4x200 +10 2x200 +20 强度区间 1~4	骑行 90 分钟 强度区间 1~4	游泳 2x200 +20 RP 1x200 +20 强度区间 1~4	骑行 60 分钟 强度区间 2	游泳 1x500 +60 强度区间 2	休息	骑行/过渡跑 90 分钟/20 分钟 强度区间 1~2	10 小时
		下午	跑步 30 分钟 强度区间 2		跑步 40 分钟 强度区间 4		跑步 70 分钟 强度区间 1	休息		
	第10周	上午	游泳 6x100 +10 2x200 +10 强度区间 1~4	骑行 120 分钟 强度区间 1~4	游泳 3x200 +20 RP 1x200 +20	骑行 90 分钟 强度区间 2	游泳 1x600 +60 强度区间 2	休息	骑行/过渡跑 120 分钟/20 分钟 强度区间 1~2	10 小时 30 分钟
		下午	跑步 30 分钟 强度区间 2		跑步 50 分钟 强度区间 4		跑步 75 分钟 强度区间 1	休息		
峰值	第11周	上午	游泳 8x100 +10 3x200 +10 强度区间 1~4	骑行 90 分钟 强度区间 2	游泳 1x200 +20 RP 1x200 +20 强度区间 2	骑行 60 分钟 强度区间 2	游泳 1x500 强度区间 1~2	休息	骑行/过渡跑 90 分钟/10 强度区间 1~2	9 小时
		下午	跑步 30 分钟 强度区间 2		跑步 30 分钟 强度区间 4		跑步 80 分钟 强度区间 1	休息		
比赛	第12周	上午	游泳 4x100 +20 1x200 +30 强度区间 1	骑行/跑步 60 分钟/20 分钟 强度区间 2		骑行 40 分钟 强度区间 1	游泳 2x200 +60 强度区间 1	骑行/跑步 30 分钟/10 分钟 强度区间 2	比赛!	5 小时 + 比赛
		下午			跑步 30 分钟 强度区间 1					

注：X-train：跑步之外的其他运动，游泳、骑自行车等。

奥林匹克距离：新手不宜

		周一	周二	周三	周四	周五	周六	周日	总时长
基础 1	第1周	游泳 4x50 +30 强度区间 1	跑步 15 分钟 强度区间 1	骑行 30 分钟 强度区间 1~2	游泳 2x100 +30 强度区间 1	跑步 15 分钟 强度区间 1~2	休息	骑行/过渡跑 60 分钟/5 分钟 强度区间 1	3 小时
	第2周	游泳 6x50 +30 强度区间 1	跑步 20 分钟 强度区间 1	骑行 40 分钟 强度区间 1~2	游泳 3x100 +30 强度区间 1	跑步 15 分钟 强度区间 1~2	休息	骑行/过渡跑 70 分钟/5 分钟 强度区间 1	3 小时 30 分钟
	第3周	游泳 4x50 +60 强度区间 1	休息	骑行/跑步 30 分钟/10 分钟 强度区间 1~2	游泳 1x400 +60 强度区间 1	跑步 10 分钟 强度区间 1~2	休息	骑行/过渡跑 60 分钟/5 分钟 强度区间 1	3 小时
基础 2	第4周	游泳 4x50 +20 强度区间 1	跑步 25 分钟 强度区间 1	骑行 40 分钟 强度区间 1~2	游泳 4x100 +30 强度区间 1	跑步 20 分钟 强度区间 1~2	休息	骑行/过渡跑 70 分钟/5 分钟 强度区间 1	4 小时
	第5周	游泳 6x50 +20 强度区间 1	跑步 30 分钟 强度区间 1	骑行 50 分钟 强度区间 1~2	游泳 5x100 +30 强度区间 1	跑步 20 分钟 强度区间 1~2	休息	骑行/过渡跑 80 分钟/ 5 分钟 强度区间 1	4 小时 30 分钟
	第6周	游泳 4x50 +30 强度区间 1	休息	骑行/跑步 40 分钟/20 分钟 强度区间 1~2	游泳 1x800 +60 强度区间 1	跑步 15 分钟 强度区间 1~2	休息	骑行/过渡跑 70 分钟/5 分钟 强度区间 1	4 小时
基础 3	第7周	游泳 8x50 +10 强度区间 1	跑步 35 分钟 强度区间 1	骑行 50 分钟 强度区间 1~2	游泳 6x100 +30 强度区间 1	跑步 25 分钟 强度区间 1~2	休息	骑行/过渡跑 80 分钟/5 分钟 强度区间 1	5 小时
	第8周	游泳 10x50 +10 强度区间 1	跑步 40 分钟 强度区间 1	骑行 60 分钟 强度区间 1~2	游泳 3x200 +30 强度区间 1	跑步 25 分钟 强度区间 1~2	休息	骑行/过渡跑 90 分钟/5 分钟 强度区间 1	5 小时 30 分钟
	第9周	游泳 4x100 +30 强度区间 1	休息	骑行/跑步 50 分钟/ 30 分钟 强度区间 1~4	游泳 1x1000 +60 强度区间 1	跑步 15 分钟 强度区间 1~2	休息	骑行/过渡跑 80 分钟/5 分钟 强度区间 1	5 小时
	第10周	游泳 2x200 +30 强度区间 1	跑步 45 分钟 强度区间 1	骑行 60 分钟 强度区间 1~4	游泳 2x500 +30 强度区间 1	跑步 20 分钟 强度区间 1~2	休息	骑行/过渡跑 60 分钟/5 分钟 强度区间 1	4 小时 30 分钟
峰值	第11周	游泳 4x200 +30 强度区间 1	跑步 30 分钟 强度区间 1	骑行 40 分钟 强度区间 1~4	游泳 1x400 +60 强度区间 1	跑步 15 分钟 强度区间 1~2	休息	骑行/过渡跑 40 分钟/5 分钟 强度区间 1	4 小时
比赛	第12周	游泳 4x200 +60 强度区间 1	跑步 20 分钟 强度区间 1	骑行 40 分钟 强度区间 1~2	游泳 2x800 +60 强度区间 1	休息	骑行/跑步 30分钟/10分钟 强度区间 2	比赛!	3 小时 + 比赛

奥林匹克距离：新手适宜

		周一	周二	周三	周四	周五	周六	周日	总时长
基础 1	第1周	游泳 4x50 +30 强度区间 1	跑步 20 分钟 强度区间 1~2	骑行 45 分钟 强度区间 1~2	游泳 2x100 +30 强度区间 1	跑步 20 分钟 强度区间 2	休息	骑行/T–跑步 60 分钟/5 分钟 强度区间 1~2	3 小时
	第2周	游泳 6x50 +30 强度区间 1	跑步 25 分钟 强度区间 1~2	骑行 45 分钟 强度区间 1~2	游泳 3x100 +30 强度区间 1	跑步 20 分钟 强度区间 2	休息	骑行/T–跑步 70 分钟/5 分钟 强度区间 1~2	3 小时 30 分钟
	第3周	游泳 4x50 +60 强度区间 1	休息	骑行/跑步 30 分钟/10 分钟 强度区间 1~2	游泳 1x500 +60 强度区间 1	跑步 15 分钟 强度区间 2	休息	骑行/T–跑步 60 分钟/5 分钟 强度区间 1~2	3 小时
基础 2	第4周	游泳 8x50 +30 强度区间 1	跑步 30 分钟 强度区间 1~2	骑行 60 分钟 强度区间 1~2	游泳 2x200 +30 强度区间 1	跑步 30 分钟 强度区间 2	休息	骑行/T–跑步 70 分钟/5 分钟 强度区间 1~2	4 小时 15 分钟
	第5周	游泳 10x50 +30 强度区间 1	跑步 35 分钟 强度区间 1~2	骑行 60 分钟 强度区间 1~2	游泳 3x200 +30 强度区间 1	跑步 30 分钟 强度区间 2	休息	骑行/T–跑步 80 分钟/5 分钟 强度区间 1~2	4 小时 30 分钟
	第6周	游泳 8x50 +60 强度区间 1	休息	骑行/跑步 40 分钟/10 分钟 强度区间 1~2	游泳 1x800 +60 强度区间 1	跑步 20 分钟 强度区间 2	休息	骑行/T–跑步 70 分钟/5 分钟 强度区间 1~2	3 小时 30 分钟
基础 3	第7周	游泳 6x100 +30 强度区间 1	跑步 40 分钟 强度区间 1~2	骑行 60 分钟 强度区间 1~2	游泳 2x500 +20 强度区间 1	跑步 30 分钟 强度区间 2	休息	骑行/T–跑步 80 分钟/5 分钟 强度区间 1~2	5 小时
	第8周	游泳 4x200 +30 强度区间 1	跑步 45 分钟 强度区间 1~2	骑行 60 分钟 强度区间 1~2	游泳 2x600 +20 强度区间 1	跑步 30 分钟 强度区间 2	休息	骑行/T–跑步 90 分钟/5 分钟 强度区间 1~2	5 小时 15 分钟
	第9周	游泳 6x100 +60 强度区间 1	休息	骑行/跑步 30 分钟/10 分钟 强度区间 1~3	游泳 1x1200 +60 强度区间 1	跑步 20 分钟 强度区间 2	休息	骑行/T–跑步 80 分钟/5 分钟 强度区间 1~2	4 小时 30分钟
	第10周	游泳 6x100 +30 强度区间 2	跑步 50 分钟 强度区间 1~2	骑行 60 分钟 强度区间 1~3	游泳 2x500 +10 强度区间 1	跑步 30 分钟 强度区间 1~3	休息	骑行/T–跑步 60 分钟 /5 分钟 强度区间 1~2	5 小时
峰值	第11周	游泳 3x200 +30 强度区间 2	跑步 40 分钟 强度区间 1~2	骑行 60 分钟 强度区间 1~3	游泳 2x400 +10 强度区间 1	跑步 30 分钟 强度区间 1~3	休息	骑行/T–跑步 40 分钟/5 分钟 强度区间 1~2	4 小时
比赛	第12周	游泳 2x200 +20 强度区间 2	休息	骑行/跑步 30 分钟/10 分钟 强度区间 2	游泳 2x200 +20 强度区间 1	休息	骑行/跑步 30 分钟/10 分钟 强度区间 1~3	比赛!	2 小时 20 分钟 + 比赛

奥林匹克距离：中级者

阶段	周	时段	周一	周二	周三	周四	周五	周六	周日	总时长
基础 1	第1周	上午	游泳 6x50 +20 6x50 +20 alt 强度区间 1~2	骑行 60 分钟 强度区间 2	游泳 5x100 +20 5x100 +20 alt 强度区间 1~2	骑行 60 分钟 强度区间 1~3	游泳 2x500 +30 强度区间 1~2	休息	骑行/过度跑 60 分钟/5 分钟 强度区间 1~2	5 小时 30 分钟
		下午	跑步 30 分钟 强度区间 1	X-train	跑步 40 分钟 强度区间 2	X-train	跑步 30 分钟 强度区间 1~3	休息		
	第2周	上午	游泳 8x50 +20 8x50 +20 alt 强度区间 1~2	骑行 60 分钟 强度区间 2	游泳 6x100 +20 6x100 +20 alt 强度区间 1~2	骑行 60 分钟 强度区间 1~3	游泳 4x400 +20 强度区间 1	休息	骑行/过度跑 70 分钟/5 分钟 强度区间 1~2	6 小时
		下午	跑步 30 分钟 强度区间 1	X-train	跑步 45 分钟 强度区间 2	X-train	跑步 30 分钟 强度区间 1~3	休息		
	第3周	上午	游泳 10x50 +20 10x50 +20 alt 强度区间 1~2	骑行 60 分钟 强度区间 2	游泳 7x100 +20 7x100 +20 alt 强度区间 1~2	骑行 60 分钟 强度区间 1~3	游泳 3x500 +20 强度区间 1	休息	骑行/过度跑 80 分钟/5 分钟 强度区间 1~2	6 小时 30 分钟
		下午	跑步 30 分钟 强度区间 1	X-train	跑步 50 分钟 强度区间 1	X-train	跑步 30 分钟 强度区间 1~3	休息		
	第4周	上午	游泳 8x100 +30 强度区间 1~2	骑行/跑步 40 分钟/20 分钟 强度区间 1~2	游泳 3x300 +30 强度区间 1~2	骑行 45 分钟 强度区间 1	游泳 1x1000 +60 强度区间 1~2	休息	骑行/过度跑 60 分钟/5 分钟 强度区间 1~2	4 小时 30 分钟
		下午		X-train 30 分钟 强度区间 2	跑步	X-train 20 分钟 强度区间 1	跑步	休息		
基础 2	第5周	上午	游泳 6x50 +10 6x50 +10 alt 强度区间 1~2	骑行 90 分钟 强度区间 2	游泳 5x100 +10 5x100 +10 alt 强度区间 1~2	骑行 60 分钟 强度区间 1~3	游泳 1x1000 +60 RP	休息	骑行/过度跑 80 分钟/5 分钟 强度区间 1~2	7 小时 15 分钟
		下午	跑步 40 分钟 强度区间 1	X-train	跑步 55 分钟 强度区间 2	X-train	跑步 40 分钟 强度区间 1~3	休息		
	第6周	上午	游泳 8x50 +10 8x50 +10 强度区间 1~2	骑行 90 分钟 强度区间 2	游泳 6x100 +10 6x100 +10 alt 强度区间 1~2	骑行 60 分钟 强度区间 1~3	游泳 3x600 +20 强度区间 1	休息	骑行/过度跑 90 分钟/5 分钟 强度区间 1~2	7 小时 45分钟
		下午	跑步 40 分钟 强度区间 1	X-train	跑步 60 分钟 强度区间 2	X-train	跑步 40 分钟 强度区间 1~3	休息		
	第7周	上午	游泳 10x50 +10 10x50 +10 alt 强度区间 1~2	骑行 90 分钟 强度区间 2	游泳 7x100 +10 7x100 +10 alt 强度区间 1~2	骑行 60 分钟 强度区间 1~3	游泳 4x500 +20 强度区间 1	休息	骑行/过度跑 100 分钟/5 分钟 强度区间 1~2	8 小时 15分钟
		下午	跑步 40 分钟 强度区间 1	X-train	跑步 65 分钟 强度区间 2	X-train	跑步 40 分钟 强度区间 1~3	休息		
	第8周	上午	游泳 3x200 +30 强度区间 2	骑行/跑步 40 分钟/20 分钟 强度区间 1~4	游泳 4x300 +30 强度区间 1~2	骑行 45 分钟 强度区间 2	游泳 1x1200 +60 强度区间 1~2	休息	骑行/过度跑 60 分钟/10 分钟 强度区间 1~2	6 小时
		下午		X-train	跑步 40 分钟 强度区间 2	X-train	跑步 30 分钟 强度区间 2	休息		
发展	第9周	上午	游泳 4x200 +20 强度区间 1~2	骑行 60 分钟 强度区间 1~4	游泳 5x300 +20 强度区间 1~2	骑行 60 分钟 强度区间 1~4	游泳 1x1200 +60 RP	休息	骑行/过度跑 100 分钟/10 分钟 强度区间 1~2	8 小时
		下午	跑步 30 分钟 强度区间 1		跑步 70 分钟 强度区间 2		跑步 30 分钟 强度区间 1~4	休息		
	第10周	上午	游泳 3x200 +20 强度区间 1~2	骑行 60 分钟 强度区间 1~4	游泳 4x300 +20 强度区间 1~2	骑行 60 分钟 强度区间 1~4	游泳 1x1500 +60 强度区间 1~2	休息	骑行/过度跑 110 分钟/10 分钟 强度区间 1~2	8 小时 30 分钟
		下午	跑步 30 分钟 强度区间 1		跑步 75 分钟 强度区间 2		跑步 30 分钟 强度区间 1~4	休息		
峰值	第11周	上午	游泳 2x200 +20 强度区间 1~2	骑行 60 分钟 强度区间 1~4	游泳 3x300 +20 强度区间 1~2	骑行 40 分钟 强度区间 1~4	游泳 2x500 +30 强度区间 1~2	休息	骑行/过度跑 90 分钟/10 分钟 强度区间 1~2	8 小时
		下午	跑步 30 分钟 强度区间 1		跑步 80 分钟 强度区间 2		跑步 30 分钟 强度区间 1~4	休息		
比赛	第12周	上午	游泳 2x200 +30 强度区间 1~2	骑行/跑步 30 分钟/10 分钟 强度区间 1~2	游泳 2x300 +20 强度区间 1~2	骑行 60 分钟 强度区间 2	游泳 1x600 +60 强度区间 1~2	骑行/跑步 30 分钟/10 分钟 强度区间 1~4	比赛!	4 小时 15 分钟 + 比赛
		下午			跑步 30 分钟 强度区间 2					

奥林匹克距离：高级者

阶段	周次	时段	周一	周二	周三	周四	周五	周六	周日	总时长
基础 1	第1周	上午	游泳 4x100 +20 2x200 +30 强度区间 2	骑行 60 分钟 强度区间 1~3	游泳 10x25 +10 10x50 +10 alt 强度区间 1~2	骑行 60 分钟 强度区间 2	游泳 5x200 +30 强度区间 1~2	休息	骑行/T–跑步 90 分钟/5 分钟 强度区间 1~2	7 小时 30 分钟
		下午	跑步 30 分钟 强度区间 1	X–train	跑步 40 分钟 强度区间 1~2	X–train	跑步 20 分钟 强度区间 1~3	休息		
	第2周	上午	游泳 6x100 +20 2x200 +30 强度区间 2	骑行 75 分钟 强度区间 1~3	游泳 12x25 +10 12x50 +10 alt 强度区间 1~2	骑行 75 分钟 强度区间 2	游泳 6x200 +30 强度区间 1~2	休息	骑行/T–跑步 105 分钟/5 分钟 强度区间 1~2	8 小时
		下午	跑步 30 分钟 强度区间 1	X–train	跑步 50 分钟 强度区间 1~2	X–train	跑步 30 分钟 强度区间 1~3	休息		
	第3周	上午	游泳 6x100 +20 2x200 +30 强度区间 2	骑行 75 分钟 强度区间 1~3	游泳 12x25 +10 12x50 +10 alt 强度区间 1~2	骑行 75 分钟 强度区间 2	游泳 6x200 +30 强度区间 1~2	休息	骑行/T–跑步 120 分钟/5 分钟 强度区间 1~2	8 小时
		下午	跑步 30 分钟 强度区间 1	X–train	跑步 50 分钟 强度区间 1~2	X–train	跑步 30 分钟 强度区间 1~3	休息		
	第4周	上午	游泳 4x100 +20 2x200 +30 强度区间 2	骑行/跑步 60 分钟/20 分钟 强度区间 1~3	游泳 10x25 +10 10x50 +10 alt 强度区间 1~2	骑行 60 分钟 强度区间 2	游泳 5x200 +30 强度区间 1~2	休息	骑行/T–跑步 90 分钟/5 分钟 强度区间 1~2	7 小时 30 分钟
		下午		X–train	跑步 40 分钟 强度区间 1~2	X–train	跑步 20 分钟 强度区间 1~3	休息		
基础 2	第5周	上午	游泳 6x100 +10 2x200 +20 强度区间 2	骑行 75 分钟 强度区间 1~3	游泳 12x25 +10 12x50 +10 alt 强度区间 1~2	骑行 75 分钟 强度区间 2	游泳 6x200 +30 强度区间 1~2	休息	骑行/T–跑步 105 分钟/5 分钟 强度区间 1~2	8 小时
		下午	跑步 40 分钟 强度区间 1	X–train	跑步 50 分钟 强度区间 1~2	X–train	跑步 30 分钟 强度区间 1~3	休息		
	第6周	上午	游泳 6x100 +10 2x200 +20 强度区间 2	骑行 75 分钟 强度区间 1~3	游泳 12x25 +10 12x50 +10 alt 强度区间 1~2	骑行 75 分钟 强度区间 2	游泳 6x200 +30 强度区间 1~2	休息	骑行/T–跑步 120 分钟/5 分钟 强度区间 1~2	8 小时
		下午	跑步 40 分钟 强度区间 1	X–train	跑步 50 分钟 强度区间 1~2	X–train	跑步 30 分钟 强度区间 1~3	休息		
	第7周	上午	游泳 4x100 +10 2x200 +20 强度区间 2	骑行 60 分钟 强度区间 1~3	游泳 10x25 +10 10x50 +10 alt 强度区间 1~2	骑行 60 分钟 强度区间 2	游泳 5x200 +30 强度区间 1~2	休息	骑行/T–跑步 135 分钟/5 分钟 强度区间 1~2	7 小时 30 分钟
		下午	跑步 40 分钟 强度区间 1	X–train	跑步 40 分钟 强度区间 1~2	X–train	跑步 20 分钟 强度区间 1~3	休息		
	第8周	上午	游泳 6x100 +20 2x200 +30 强度区间 2	骑行/跑步 80 分钟/30 分钟 强度区间 1~3	游泳 12x25 +10 12x50 +10 alt 强度区间 1~2	骑行 75 分钟 强度区间 2	游泳 6x200 +30 强度区间 1~2	休息	骑行/T–跑步 105 分钟/5 分钟 强度区间 1~2	8 小时
		下午		X–train	跑步 50 分钟 强度区间 1~2	X–train	跑步 30 分钟 强度区间 1~3	休息		
发展	第9周	上午	游泳 6x100 +20 2x200 +30 强度区间 2	骑行 75 分钟 强度区间 1~4	游泳 12x25 +10 12x50 +10 alt 强度区间 1~2	骑行 75 分钟 强度区间 2	游泳 6x200 +30 强度区间 1~2	休息	骑行/T–跑步 120 分钟/5 分钟 强度区间 1~2	8 小时
		下午	跑步 40 分钟 强度区间 2	X–train or 休息	跑步 50 分钟 强度区间 1~2	X–train or 休息	跑步 30 分钟 强度区间 1~4	休息		
	第10周	上午	游泳 4x100 +20 2x200 +30 强度区间 1	骑行 60 分钟 强度区间 1~4	游泳 10x25 +10 10x50 +10 alt 强度区间 1~2	骑行 60 分钟 强度区间 2	游泳 5x200 +30 强度区间 1~2	休息	骑行/T–跑步 90 分钟/5 分钟 强度区间 1~2	7 小时 30 分钟
		下午	跑步 40 分钟 强度区间 1	X–train or 休息	跑步 40 分钟 强度区间 1~2	X–train 休息	跑步 20 分钟 强度区间 1~4	休息		
峰值	第11周	上午	游泳 6x100 +20 2x200 +30 强度区间 2	骑行 75 分钟 强度区间 1~4	游泳 12x25 +10 12x50 +10 alt 强度区间 1~2	骑行 75 分钟 强度区间 2	游泳 6x200 +30 强度区间 1~2	休息	骑行/T–跑步 60 分钟/5 分钟 强度区间 1~2	8 小时
		下午	跑步 40 分钟 强度区间 1	X–train or 休息	跑步 50 分钟 强度区间 1~2	X–train or 休息	跑步 30 分钟 强度区间 1~4	休息		
比赛	第12周	上午	游泳 6x100 +20 2x200 +30 强度区间 2	骑行/跑步 30 分钟/10 分钟 强度区间 1~4	游泳 12x25 +10 12x50 +10 alt 强度区间 1~2	骑行 75 分钟 强度区间 2	游泳 6x200 +30 强度区间 1~2	骑行/跑步 30 分钟/10 分钟 强度区间 1~4	比赛!	8 小时
		下午		X–train or 休息	跑步 50 分钟 强度区间 1~2	X–train or 休息				

半程-铁人距离：新手

阶段	周次	时段	周一	周二	周三	周四	周五	周六	周日	总时长
基础 1	第1周	上午	游泳 30 分钟 强度区间 1~2	骑行 60 分钟 强度区间 2	游泳 30 分钟 强度区间 1~2	骑行 60 分钟 强度区间 1~3	游泳 40 分钟 强度区间 1	休息	骑行/过渡跑 90 分钟/5 分钟 强度区间 1~2	7 小时
		下午	跑步 20 分钟 强度区间 1		跑步 60 分钟 强度区间 2		跑步 20 分钟 强度区间 1~3	休息		
	第2周	上午	游泳 30 分钟 强度区间 1~2	骑行 60 分钟 强度区间 2	游泳 30 分钟 强度区间 1~2	骑行 70 分钟 强度区间 1~3	游泳 40 分钟 强度区间 1	休息	骑行/过渡跑 105 分钟/5 分钟 强度区间 1~2	7 小时 30 分钟
		下午	跑步 25 分钟 强度区间 1		跑步 65 分钟 强度区间 2		跑步 25 分钟 强度区间 1~3	休息		
	第3周	上午	游泳 30 分钟 强度区间 1~2	骑行 60 分钟 强度区间 2	游泳 30 分钟 强度区间 1~2	骑行 80 分钟 强度区间 1~3	游泳 40 分钟 强度区间 1	休息	骑行/过渡跑 120 分钟/5 分钟 强度区间 1~2	8 小时
		下午	跑步 30 分钟 强度区间 1		跑步 70 分钟 强度区间 2		跑步 30 分钟 强度区间 1~3	休息		
	第4周	上午	游泳 30 分钟 强度区间 1~2	骑行/跑步 40 分钟/15 分钟 强度区间 1~3	游泳 30 分钟 强度区间 1~2	骑行 60 分钟 强度区间 1~3	游泳 40 分钟 强度区间 1	休息	骑行/过渡跑 90 分钟/5 分钟 强度区间 1~2	6 小时 30 分钟
		下午			跑步 20 分钟 强度区间 1~3		跑步 20 分钟 强度区间 1~3	休息		
基础 2	第5周	上午	游泳 40 分钟 强度区间 1~2	骑行 75 分钟 强度区间 2	游泳 40 分钟 强度区间 1~2	骑行 60 分钟 强度区间 1~3	游泳 1x500 +60 RP	休息	骑行/过渡跑 120 分钟/5 分钟 强度区间 1~2	8 小时 30
		下午	跑步 30 分钟 强度区间 1		跑步 75 分钟 强度区间 2		跑步 30 分钟 强度区间 1~3	休息		
	第6周	上午	游泳 40 分钟 强度区间 1~2	骑行 75 分钟 强度区间 2	游泳 40 分钟 强度区间 1~2	骑行 70 分钟 强度区间 1~3	游泳 50 分钟 强度区间 1	休息	骑行/过渡跑 135 分钟/5 分钟 强度区间 1~2	9 小时
		下午	跑步 35 分钟 强度区间 1		跑步 80 分钟 强度区间 2		跑步 35 分钟 强度区间 1~3	休息		
	第7周	上午	游泳 40 分钟 强度区间 1~2	骑行 75 分钟 强度区间 2	游泳 40 分钟 强度区间 1~2	骑行 80 分钟 强度区间 1~3	游泳 50 分钟 强度区间 1	休息	骑行/过渡跑 150 分钟/5 分钟 强度区间 1~2	9 小时 30 分钟
		下午	跑步 40 分钟 强度区间 1		跑步 85 分钟 强度区间 2		跑步 40 分钟 强度区间 1~3	休息		
	第8周	上午	游泳 40 分钟 强度区间 1~2	骑行/跑步 60 分钟/20 分钟 强度区间 1~3	游泳 40 分钟 强度区间 1~2	骑行 60 分钟 强度区间 1	游泳 50 分钟 强度区间 1	休息	骑行/过渡跑 135 分钟/5 分钟 强度区间 1~2	7 小时 30 分钟
		下午			跑步 60 分钟 强度区间 2		跑步 30 分钟 强度区间 1~3	休息		

续表

阶段	周次	时段	周一	周二	周三	周四	周五	周六	周日	总时长
基础 2	第9周	上午	游泳 50 分钟 强度区间 1~2	骑行 90 分钟 强度区间 2	游泳 50 分钟 强度区间 1~2	骑行 60 分钟 强度区间 1~3	游泳 1x1000 +60 RP	休息	骑行/过渡跑 150 分钟/10 分钟 强度区间 1~2	10 小时
		下午	跑步 40 分钟 强度区间 1		跑步 90 分钟 强度区间 2		跑步 40 分钟 强度区间 1~3	休息		
	第10周	上午	游泳 50 分钟 强度区间 1~2	骑行 90 分钟 强度区间 2	游泳 50 分钟 强度区间 1~2	骑行 70 分钟 强度区间 1~3	游泳 60 分钟 强度区间 1	休息	骑行/过渡跑 165 分钟/10 分钟 强度区间 1~2	10 小时 30 分钟
		下午	跑步 45 分钟 强度区间 1		跑步 95 分钟 强度区间 2		跑步 45 分钟 强度区间 1~3	休息		
	第11周	上午	游泳 50 分钟 强度区间 1~2	骑行 90 分钟 强度区间 2	游泳 50 分钟 强度区间 1~2	骑行 80 分钟 强度区间 1~3	游泳 60 分钟 强度区间 1	休息	骑行/过渡跑 180 分钟/10 分钟 强度区间 1~2	11 小时
		下午	跑步 50 分钟 强度区间 1		跑步 100 分钟 强度区间 2		跑步 50 分钟 强度区间 1~3	休息		
	第12周	上午	游泳 50 分钟 强度区间 1~2	骑行/跑步 80 分钟/25 分钟 强度区间 1~3	游泳 50 分钟 强度区间 1~2	骑行 60 分钟 强度区间 1	游泳 1x1500 +60 RP	休息	骑行/过渡跑 165 分钟/5 分钟 强度区间 1~2	9 小时 30 分钟
		下午			跑步 80 分钟 强度区间 2		跑步 30 分钟 强度区间 1~3	休息		
发展	第13周	上午	游泳 60 分钟 强度区间 1~2	骑行/跑步 60 分钟/20 分钟 强度区间 1~4	游泳 60 分钟 强度区间 1~2	骑行 60 分钟 强度区间 2	游泳 70 分钟 强度区间 1	休息	骑行/过渡跑 165 分钟/5 分钟 强度区间 1~2	10 小时 30 分钟
		下午			跑步 105 分钟 强度区间 2		跑步 30 分钟 强度区间 1~4	休息		
	第14周	上午	游泳 60 分钟 强度区间 1~2	骑行/跑步 50 分钟/15 分钟 强度区间 1~4	游泳 60 分钟 强度区间 1~2	骑行 60 分钟 强度区间 2	游泳 1x1000 +60 RP	休息	骑行/过渡跑 120 分钟/5 分钟 强度区间 1~2	9 小时
		下午			跑步 110 分钟 强度区间 2		跑步 25 分钟 强度区间 1~4	休息		
峰值	第15周	上午	游泳 40 分钟 强度区间 1~2	骑行/跑步 40 分钟/10 分钟 强度区间 1~4	游泳 40 分钟 强度区间 1~2	骑行 50 分钟 强度区间 2	游泳 1x800 +60 强度区间 1	休息	骑行/过渡跑 90 分钟/5 分钟 强度区间 1~2	6 小时
		下午			跑步 40 分钟 强度区间 2		跑步 20 分钟 强度区间 1~4	休息		
比赛	第16周	上午	游泳 30 分钟 强度区间 1	骑行/跑步 30 分钟/10 分钟 强度区间 2	游泳 30 分钟 强度区间 1	骑行 30 分钟 强度区间 1	游泳 1x400 +60 RP	骑行/跑步 30 分钟/10 强度区间 1~4	比赛!	3 小时 + 比赛
		下午			跑步 30 分钟 强度区间 1					

半程–铁人距离：中级者

			周一	周二	周三	周四	周五	周六	周日	总时长
基础 1	第1周	上午	游泳 40 分钟 强度区间 1	骑行 60 分钟 强度区间 2	游泳 40 分钟 强度区间 2	骑行 60 分钟 强度区间 1~3	游泳 60 分钟 强度区间 1	休息	骑行/过渡跑 90 分钟/5 分钟 强度区间 1~2	7 小时 30 分钟
		下午	跑步 40 分钟 强度区间 1		跑步 40 分钟 强度区间 2		跑步 20 分钟 强度区间 1~3	休息		
	第2周	上午	游泳 40 分钟 强度区间 1	骑行 70 分钟 强度区间 2	游泳 40 分钟 强度区间 2	骑行 70 分钟 强度区间 1~3	游泳 60 分钟 强度区间 1	休息	骑行/过渡跑 105 分钟/5 分钟 强度区间 1~2	8 小时 15 分钟
		下午	跑步 50 分钟 强度区间 1		跑步 50 分钟 强度区间 2		跑步 25 分钟 强度区间 1~3	休息		
	第3周	上午	游泳 40 分钟 强度区间 1	骑行 80 分钟 强度区间 2	游泳 40 分钟 强度区间 2	骑行 80 分钟 强度区间 1~3	游泳 60 分钟 强度区间 1	休息	骑行/过渡跑 120 分钟/5 分钟 强度区间 1~2	9 小时
		下午	跑步 60 分钟 强度区间 1		跑步 60 分钟 强度区间 2		跑步 30 分钟 强度区间 1~3	休息		
	第4周	上午	游泳 30 分钟 强度区间 1	骑行/跑步 60 分钟/20 分钟 强度区间 1~3	游泳 30 分钟 强度区间 1	骑行 60 分钟 强度区间 2	游泳 40 分钟 强度区间 1	休息	骑行/过渡跑 80 分钟/5 分钟 强度区间 1~2	6 小时 30 分钟
		下午			跑步 20 分钟 强度区间 2		跑步 20 分钟 强度区间 1~3	休息		
基础 2	第5周	上午	游泳 50 分钟 强度区间 1	骑行 60 分钟 强度区间 2	游泳 50 分钟 强度区间 2	骑行 60 分钟 强度区间 1~3	游泳 1x1000 +60 RP 强度区间 1	休息	骑行/过渡跑 120 分钟/5 分钟 强度区间 1~2	9 小时 15 分钟
		下午	跑步 40 分钟 强度区间 1		跑步 70 分钟 强度区间 2		跑步 30 分钟 强度区间 1~3	休息		
	第6周	上午	游泳 50 分钟 强度区间 1	骑行 70 分钟 强度区间 2	游泳 50 分钟 强度区间 2	骑行 70 分钟 强度区间 1~3	游泳 70 分钟 强度区间 1	休息	骑行/过渡跑 135 分钟/5 分钟 强度区间 1~2	9 小时 45 分钟
		下午	跑步 50 分钟 强度区间 1		跑步 80 分钟 强度区间 2		跑步 35 分钟 强度区间 1~3	休息		
	第7周	上午	游泳 50 分钟 强度区间 1	骑行 80 分钟 强度区间 2	游泳 50 分钟 强度区间 2	骑行 80 分钟 强度区间 1~3	游泳 70 分钟 强度区间 1	休息	骑行/过渡跑 150 分钟/5 分钟 强度区间 1~2	10 小时 15 分钟
		下午	跑步 60 分钟 强度区间 1		跑步 90 分钟 强度区间 2		跑步 40 分钟 强度区间 1~3	休息		
	第8周	上午	游泳 40 分钟 强度区间 1	骑行/跑步 80 分钟/30 分钟 强度区间 1~3	游泳 40 分钟 强度区间 2	骑行 60 分钟 强度区间 1~3	游泳 50 分钟 强度区间 1	休息	骑行/过渡跑 75 分钟/5 分钟 强度区间 1~2	8 小时
		下午			跑步 90 分钟 强度区间 2		跑步 30 分钟 强度区间 1~3	休息		

续表

			周一	周二	周三	周四	周五	周六	周日	总时长
基础 3	第9周	上午	游泳 60 分钟 强度区间 1	骑行 60 分钟 强度区间 2	游泳 60 分钟 强度区间 2	骑行 60 分钟 强度区间 1~3	游泳 1x1200 +60 RP	休息	骑行/过渡跑 150 分钟/10 分钟 强度区间 1~2	10 小时 30分钟
		下午	跑步 40 分钟 强度区间 1		跑步 100 分钟 强度区间 2		跑步 40 分钟 强度区间 1~3	休息		
	第10周	上午	游泳 60 分钟 强度区间 1	骑行 70 分钟 强度区间 2	游泳 60 分钟 强度区间 2	骑行 70 分钟 强度区间 1~3	游泳 70 分钟 强度区间 1	休息	骑行/过渡跑 165 分钟/10 分钟 强度区间 1~2	11 小时
		下午	跑步 40 分钟 强度区间 1		跑步 110 分钟 强度区间 2		跑步 45 分钟 强度区间 1~3	休息		
	第11周	上午	游泳 60 分钟 强度区间 1	骑行 80 分钟 强度区间 2	游泳 60 分钟 强度区间 2	骑行 80 分钟 强度区间 1~3	游泳 70 分钟 强度区间 1	休息	骑行/过渡跑 180 分钟/10 分钟 强度区间 1~2	11 小时 30 分钟
		下午	跑步 40 分钟 强度区间 1		跑步 120 分钟 强度区间 2		跑步 50 分钟 强度区间 1~3	休息		
	第12周	上午	游泳 50 分钟 强度区间 1	骑行/跑步 60 分钟/20 分钟 强度区间 1~4	游泳 50 分钟 强度区间 2	骑行 60 分钟 强度区间 2	游泳 60 分钟 强度区间 1	休息	骑行/过渡跑 105 分钟/5 分钟 强度区间 1~2	8 小时
		下午			跑步 90 分钟 强度区间 1		跑步 40 分钟 强度区间 1~3	休息		
发展	第13周	上午	游泳 40 分钟 强度区间 1	骑行 60 分钟 强度区间 1~4	游泳 40 分钟 强度区间 2	骑行 60 分钟 强度区间 1~4	游泳 1x1500 +60 RP	休息	骑行/过渡跑 180 分钟/5 分钟 强度区间 1~2	10 小时
		下午	跑步 30 分钟 强度区间 1		跑步 120 分钟 强度区间 2		跑步 40 分钟 强度区间 1~4	休息		
	第14周	上午	游泳 40 分钟 强度区间 1	骑行/跑步 40 分钟/15 分钟 强度区间 1~4	游泳 40 分钟 强度区间 2	骑行 50 分钟 强度区间 1~4	游泳 50 分钟 强度区间 1	休息	骑行/过渡跑 90 分钟/5 分钟 强度区间 1~2	8 小时
		下午			跑步 90 分钟 强度区间 2		跑步 30 分钟 强度区间 1~4	休息		
峰值	第15周	上午	游泳 30 分钟 强度区间 1	骑行 40 分钟 强度区间 1~4	游泳 30 分钟 强度区间 2	骑行 40 分钟 强度区间 1~4	游泳 1x500 +60 RP	休息	骑行/过渡跑 60 分钟/5 分钟 强度区间 1~2	6 小时
		下午	跑步 30 分钟 强度区间 1		跑步 60 分钟 强度区间 2		跑步 20 分钟 强度区间 1~4	休息		
比赛	第16周	上午	游泳 30 分钟 强度区间 1~2	骑行/跑步 30 分钟/10 分钟 强度区间 2	游泳 30 分钟 强度区间 2	休息	游泳 30 分钟 强度区间 1	骑行/跑步 30 分钟/10 分钟 强度区间 1~4	比赛!	3 小时 + 比赛
		下午				休息				

半程–铁人距离：高级者

			周一	周二	周三	周四	周五	周六	周日	总时长
基础 1	第1周	上午	游泳 40 分钟 强度区间 1~2	骑行 60 分钟 强度区间 2	游泳 40 分钟 强度区间 2	骑行 60 分钟 强度区间 1~3	游泳 60 分钟 强度区间 1	休息	骑行/过渡跑 120 分钟/5 分钟 强度区间 1~2	8 小时 40 分钟
		下午	跑步 40 分钟 强度区间 1	X–train	跑步 40 分钟 强度区间 2	X–train	跑步 40 分钟 强度区间 1~3	休息		
	第2周	上午	游泳 40 分钟 强度区间 1~2	骑行 70 分钟 强度区间 2	游泳 40 分钟 强度区间 2	骑行 60 分钟 强度区间 1~3	游泳 60 分钟 强度区间 1	休息	骑行/过渡跑 135 分钟/5 分钟 强度区间 1~2	9 小时
		下午	跑步 50 分钟 强度区间 1	X–train	跑步 50 分钟 强度区间 2	X–train	跑步 40 分钟 强度区间 1~3	休息		
	第3周	上午	游泳 40 分钟 强度区间 1~2	骑行 80 分钟 强度区间 2	游泳 40 分钟 强度区间 2	骑行 60 分钟 强度区间 1~3	游泳 60 分钟 强度区间 1	休息	骑行/过渡跑 150 分钟/5 分钟 强度区间 1~2	9 小时 45 分钟
		下午	跑步 60 分钟 强度区间 1	X–train	跑步 60 分钟 强度区间 2	X–train	跑步 40 分钟 强度区间 1~3	休息		
	第4周	上午	游泳 30 分钟 强度区间 1~2	骑行/跑步 60 分钟/20 分钟 强度区间 1~3	游泳 30 分钟 强度区间 2	骑行 40 分钟 强度区间 2	游泳 40 分钟 强度区间 1	休息	骑行/过渡跑 120 分钟/5 分钟 强度区间 1~2	7 小时
		下午		X–train	跑步 40 分钟 强度区间 2	X–train	跑步 20 分钟 强度区间 1~3	休息		
基础 2	第5周	上午	游泳 50 分钟 强度区间 1~2	骑行 60 分钟 强度区间 2	游泳 50 分钟 强度区间 2	骑行 60 分钟 强度区间 1~3	游泳 30 分钟 RP	休息	骑行/过渡跑 150 分钟/5 分钟 强度区间 1~2	9 小时 45 分钟
		下午	跑步 40 分钟 强度区间 1	X–train	跑步 60 分钟 强度区间 2	X–train	跑步 50 分钟 强度区间 1~3	休息		
	第6周	上午	游泳 50 分钟 强度区间 1~2	骑行 70 分钟 强度区间 2	游泳 50 分钟 强度区间 2	骑行 60 分钟 强度区间 1~3	游泳 70 分钟 强度区间 1	休息	骑行/过渡跑 165 分钟/5 分钟 强度区间 1~2	10 小时 30 分钟
		下午	跑步 50 分钟 强度区间 1	X–train	跑步 70 分钟 强度区间 2	X–train	跑步 50 分钟 强度区间 1~3	休息		
	第7周	上午	游泳 50 分钟 强度区间 1~2	骑行 80 分钟 强度区间 2	游泳 50 分钟 强度区间 2	骑行 60 分钟 强度区间 1~3	游泳 70 分钟 强度区间 1	休息	骑行/过渡跑 180 分钟/5 分钟 强度区间 1~2	11 小时 15 分钟
		下午	跑步 60 分钟 强度区间 1	X–train	跑步 80 分钟 强度区间 2	X–train	跑步 50 分钟 强度区间 1~3	休息		
	第8周	上午	游泳 40 分钟 强度区间 1~2	骑行/跑步 90 分钟/30 分钟 强度区间 1~3	游泳 40 分钟 强度区间 2	骑行 40 分钟 强度区间 1~3	游泳 50 分钟 强度区间 1	休息	骑行/过渡跑 120 分钟/5 分钟 强度区间 1~2	11 小时 45 分钟
		下午		X–train	跑步 50 分钟 强度区间 2	X–train	跑步 40 分钟 强度区间 1~3	休息		

续表

阶段	周次	时段	周一	周二	周三	周四	周五	周六	周日	总时长
基础3	第9周	上午	游泳 40 分钟 强度区间 1~2	骑行 60 分钟 强度区间 1~4	游泳 40 分钟 强度区间 2	骑行 60 分钟 强度区间 1	游泳 45 分钟 RP	休息	骑行/过渡跑 180 分钟/10 分钟 强度区间 1~2	10 小时 15 分钟
		下午	跑步 40 分钟 强度区间 1		跑步 80 分钟 强度区间 2		跑步 40 分钟 强度区间 2	休息		
	第10周	上午	游泳 40 分钟 强度区间 1~2	骑行/跑步 80 分钟/40 分钟 强度区间 1~4	游泳 40 分钟 强度区间 2	骑行 60 分钟 强度区间 1	游泳 60 分钟 强度区间 1	休息	骑行/过渡跑 195 分钟/10 分钟 强度区间 1~2	11 小时
		下午			跑步 90 分钟 强度区间 2		跑步 40 分钟 强度区间 2	休息		
	第11周	上午	游泳 40 分钟 强度区间 1~2	骑行 60 分钟 强度区间 2	游泳 40 分钟 强度区间 2	骑行 60 分钟 强度区间 1	游泳 60 分钟 RP	休息	骑行/过渡跑 210 分钟/10 分钟 强度区间 1~2	11 小时
		下午	跑步 40 分钟 强度区间 1		跑步 100 分钟 强度区间 2		跑步 40 分钟 强度区间 2	休息		
	第12周	上午	游泳 30 分钟 强度区间 1~2	骑行/跑步 100 分钟/60 分钟 强度区间 1~4	游泳 30 分钟 强度区间 2	骑行 40 分钟 强度区间 1	游泳 40 分钟 强度区间 1	休息	骑行/过渡跑 150 分钟/10 分钟 强度区间 1~2	9 小时
		下午			跑步 80 分钟 强度区间 2		跑步 20 分钟 强度区间 2	休息		
发展	第13周	上午	游泳 30 分钟 强度区间 1~2	骑行 60 分钟 强度区间 2	游泳 30 分钟 强度区间 2	骑行 60 分钟 强度区间 1	游泳 45 分钟 RP	休息	骑行/过渡跑 210 分钟/5 分钟 强度区间 1~2	10 小时
		下午	跑步 30 分钟 强度区间 1		跑步 100 分钟 强度区间 2		跑步 30 分钟 强度区间 1~4	休息		
	第14周	上午	游泳 30 分钟 强度区间 1~2	骑行/跑步 60 分钟/20 分钟 强度区间 1~4	游泳 30 分钟 强度区间 2	骑行 40 分钟 强度区间 1	游泳 30 分钟 强度区间 1	休息	骑行/过渡跑 150 分钟/5 分钟 强度区间 1~2	8 小时 30 分钟
		下午			跑步 110 分钟 强度区间 2		跑步 30 分钟 强度区间 1~4	休息		
峰值	第15周	上午	游泳 30 分钟 强度区间 1~2	骑行 40 分钟 强度区间 1~4	游泳 30 分钟 强度区间 2	骑行 40 分钟 强度区间 1	游泳 30 分钟 RP	休息	骑行/过渡跑 90 分钟/5 分钟 强度区间 1~2	7 小时
		下午	跑步 30 分钟 强度区间 1		跑步 80 分钟 强度区间 2		跑步 30 分钟 强度区间 1~4	休息		
比赛	第16周	上午	游泳 20 分钟 强度区间 1	骑行/跑步 30 分钟/10 分钟 强度区间 1~4	游泳 20 分钟 强度区间 2	骑行 30 分钟 强度区间 1	游泳 20 分钟 强度区间 1	骑行/跑步 30 分钟/10 分钟 强度区间 1~4	比赛!	3 小时 + 比赛
		下午								

标准铁人距离：完赛

			周一	周二	周三	周四	周五	周六	周日	总时长
基础 1	第1周	上午	游泳 20 分钟 强度区间 1	骑行 60 分钟 强度区间 2	游泳 20 分钟 强度区间 1	骑行 45 分钟 强度区间 1	游泳 20 分钟 强度区间 1	休息	骑行 75 分钟 强度区间 1~2	4 小时 30 分钟
		下午	跑步 20 分钟 强度区间 1		跑步 45 分钟 强度区间 2		跑步 20 分钟 强度区间 1~2	休息		
	第2周	上午	游泳 20 分钟 强度区间 1	骑行 60 分钟 强度区间 2	游泳 20 分钟 强度区间 1	骑行 45 分钟 强度区间 1	游泳 20 分钟 强度区间 1	休息	骑行 90 分钟 强度区间 1~2	5 小时
		下午	跑步 25 分钟 强度区间 1		跑步 50 分钟 强度区间 2		跑步 25 分钟 强度区间 1~2	休息		
	第3周	上午	游泳 20 分钟 强度区间 1	骑行 60 分钟 强度区间 2	游泳 20 分钟 强度区间 1	骑行 45 分钟 强度区间 1	游泳 20 分钟 强度区间 1	休息	骑行 105 分钟 强度区间 1~2	5 小时 30 分钟
		下午	跑步 30 分钟 强度区间 1		跑步 55 分钟 强度区间 2		跑步 30 分钟 强度区间 1~2	休息		
	第4周	上午	游泳 20 分钟 强度区间 1	骑行/跑步 40 分钟/10 分钟 强度区间 2	游泳 20 分钟 强度区间 2	骑行 45 分钟 强度区间 1	游泳 20 分钟 强度区间 1	休息	休息	3 小时 30 分钟
		下午			跑步 30 分钟 强度区间 2		跑步 15 分钟 强度区间 1~2	休息	休息	
基础 2	第5周	上午	游泳 30 分钟 强度区间 1	骑行 75 分钟 强度区间 2	游泳 30 分钟 强度区间 1	骑行 60 分钟 强度区间 1	游泳 1x800 +60 RP	休息	骑行 120 分钟 强度区间 1~2	6 小时 15 分钟
		下午	跑步 20 分钟 强度区间 1		跑步 60 分钟 强度区间 2		跑步 20 分钟 强度区间 1~2	休息		
	第6周	上午	游泳 30 分钟 强度区间 1	骑行 75 分钟 强度区间 2	游泳 30 分钟 强度区间 1	骑行 60 分钟 强度区间 1	游泳 30 分钟 强度区间 1	休息	骑行 135 分钟 强度区间 1~2	6 小时 45 分钟
		下午	跑步 25 分钟 强度区间 1		跑步 65 分钟 强度区间 2		跑步 25 分钟 强度区间 1~2	休息		
	第7周	上午	游泳 30 分钟 强度区间 1	骑行 75 分钟 强度区间 2	游泳 30 分钟 强度区间 1	骑行 60 分钟 强度区间 1	游泳 30 分钟 强度区间 1	休息	骑行 150 分钟 强度区间 1~2	7 小时 15 分钟
		下午	跑步 30 分钟 强度区间 1		跑步 70 分钟 强度区间 2		跑步 30 分钟 强度区间 1~2	休息		
	第8周	上午	游泳 20 分钟 强度区间 1	骑行/跑步 60 分钟/20 分钟 强度区间 2	游泳 20 分钟 强度区间 1	骑行 45 分钟 强度区间 1	游泳 20 分钟 强度区间 1	休息	休息	5 小时 30 分钟
		下午			跑步 40 分钟 强度区间 2		跑步 15 分钟 强度区间 1~2	休息	休息	
基础 3	第9周	上午	游泳 40 分钟 强度区间 1	骑行 90 分钟 强度区间 2	游泳 40 分钟 强度区间 1	骑行 75 分钟 强度区间 1	游泳 1x1600 +60 RP	休息	骑行 165 分钟 强度区间 1~2	8 小时 15 分钟
		下午	跑步 30 分钟 强度区间 1		跑步 75 分钟 强度区间 2		跑步 30 分钟 强度区间 1~2	休息		
	第10周	上午	游泳 40 分钟 强度区间 1	骑行 90 分钟 强度区间 2	游泳 40 分钟 强度区间 1	骑行 75 分钟 强度区间 1	游泳 40 分钟 强度区间 1	休息	骑行 180 分钟 强度区间 1~2	8 小时 45 分钟
		下午	跑步 35 分钟 强度区间 1		跑步 80 分钟 强度区间 2		跑步 35 分钟 强度区间 1~2	休息		
	第11周	上午	游泳 40 分钟 强度区间 1	骑行 90 分钟 强度区间 2	游泳 40 分钟 强度区间 1	骑行 75 分钟 强度区间 1	游泳 40 分钟 强度区间 1	休息	骑行 195 分钟 强度区间 1~2	9 小时 30 分钟
		下午	跑步 40 分钟 强度区间 1		跑步 85 分钟 强度区间 2		跑步 40 分钟 强度区间 1~2	休息		
	第12周	上午	游泳 30 分钟 强度区间 1	骑行/跑步 80 分钟/30 分钟 强度区间 2	游泳 30 分钟 强度区间 1	骑行 60 分钟 强度区间 1	游泳 30 分钟 强度区间 1	休息	休息	6 小时
		下午			跑步 40 分钟 强度区间 2		跑步 30 分钟 强度区间 1~2	休息	休息	

续表

			周一	周二	周三	周四	周五	周六	周日	总时长
发展 1	第13周	上午	游泳 50 分钟 强度区间 1	骑行 105 分钟 强度区间 2	游泳 50 分钟 强度区间 1	骑行 90 分钟 强度区间 1	游泳 3x800 +20 强度区间 1	休息	骑行/T-跑步 210 分钟/5 分钟 强度区间 1~2	10 小时 30 分钟
		下午	跑步 45 分钟 强度区间 1		跑步 90 分钟 强度区间 2		跑步 45 分钟 强度区间 1~2	休息		
	第14周	上午	游泳 50 分钟 强度区间 1	骑行 105 分钟 强度区间 2	游泳 50 分钟 强度区间 1	骑行 90 分钟 强度区间 1	游泳 50 分钟 强度区间 1	休息	骑行/T-跑步 225 分钟/5 分钟 强度区间 1~2	11 小时 15 分钟
		下午	跑步 50 分钟 强度区间 1		跑步 95 分钟 强度区间 2		跑步 50 分钟 强度区间 1~2	休息		
	第15周	上午	游泳 50 分钟 强度区间 1	骑行 105 分钟 强度区间 2	游泳 50 分钟 强度区间 1	骑行 90 分钟 强度区间 1	游泳 50 分钟 强度区间 1	休息	骑行/T-跑步 240 分钟/5 分钟 强度区间 1~2	11 小时 45 分钟
		下午	跑步 55 分钟 强度区间 1		跑步 100 分钟 强度区间 2		跑步 55 分钟 强度区间 1~2	休息		
	第16周	上午	游泳 40 分钟 强度区间 1	骑行/跑步 100 分钟/40 分钟 强度区间 2	游泳 40 分钟 强度区间 1	骑行 60 分钟 强度区间 1	游泳 40 分钟 强度区间 1	休息	休息	6 小时 30 分钟
		下午			跑步 75 分钟 强度区间 2		跑步 45 分钟 强度区间 1~2	休息	休息	
发展 2	第17周	上午	游泳 60 分钟 强度区间 1	骑行 90 分钟 强度区间 2	游泳 60 分钟 强度区间 1	骑行 75 分钟 强度区间 1	游泳 60 分钟 强度区间 1	休息	骑行/T-跑步 255 分钟/5 分钟 强度区间 1~2	12 小时
		下午	跑步 60 分钟 强度区间 1		跑步 105 分钟 强度区间 2		跑步 60 分钟 强度区间 1~2	休息		
	第18周	上午	游泳 60 分钟 强度区间 1	骑行/跑步 120 分钟/50 分钟 强度区间 2	游泳 60 分钟 强度区间 1	骑行 75 分钟 强度区间 1	游泳 60 分钟 强度区间 1	休息	骑行/T-跑步 90 分钟/10 分钟 强度区间 1~2	10 小时 30 分钟
		下午			跑步 110 分钟 强度区间 2		跑步 65 分钟 强度区间 1~2	休息		
	第19周	上午	游泳 60 分钟 强度区间 1	骑行 90 分钟 强度区间 2	游泳 60 分钟 强度区间 1	骑行 75 分钟 强度区间 1	游泳 60 分钟 强度区间 1	休息	骑行/T-跑步 270 分钟/10 分钟 强度区间 1~2	13 小时
		下午	跑步 70 分钟 强度区间 1		跑步 115 分钟 强度区间 2		跑步 70 分钟 强度区间 1~2	休息		
	第20周	上午	游泳 50 分钟 强度区间 1	骑行/跑步 150 分钟/60 分钟 强度区间 2	游泳 50 分钟 强度区间 1	骑行 60 分钟 强度区间 1	游泳 50 分钟 强度区间 1	休息	骑行/T-跑步 90 分钟/10 分钟 强度区间 1~2	9 小时 30 分钟
		下午			跑步 60 分钟 强度区间 2		跑步 60 分钟 强度区间 1~2	休息		
发展 3	第21周	上午	游泳 50 分钟 强度区间 1	骑行 90 分钟 强度区间 2	游泳 50 分钟 强度区间 1	骑行 60 分钟 强度区间 1	游泳 50 分钟 强度区间 1	休息	骑行/T-跑步 285 分钟/10 分钟 强度区间 1~2	12 小时 15 分钟
		下午	跑步 60 分钟 强度区间 1		跑步 120 分钟 强度区间 2		跑步 60 分钟 强度区间 1~2	休息		
	第22周	上午	游泳 50 分钟 强度区间 1	骑行/跑步 180 分钟/70 分钟 强度区间 2	游泳 50 分钟 强度区间 1	骑行 60 分钟 强度区间 1	游泳 50 分钟 强度区间 1	休息	骑行/T-跑步 90 分钟/5 分钟 强度区间 1~2	10 小时
		下午					跑步 50 分钟 强度区间 1~2	休息		
峰值	第23周	上午	游泳 40 分钟 强度区间 1	骑行 60 分钟 强度区间 2	游泳 40 分钟 强度区间 1	骑行 45 分钟 强度区间 1	游泳 40 分钟 强度区间 1	休息	骑行/T-跑步 60 分钟/5 分钟 强度区间 1~2	6 小时 30 分钟
		下午	跑步 30 分钟 强度区间 1		跑步 40 分钟 强度区间 2		跑步 30 分钟 强度区间 1~2	休息		
比赛	第24周	上午	游泳 20 分钟 强度区间 1	骑行/跑步 40 分钟/10 分钟 强度区间 2	游泳 20 分钟 强度区间 1	骑行 45 分钟 强度区间 1	游泳 20 分钟 强度区间 1	骑行/跑步 30 分钟/5 分钟 强度区间 1~2	比赛!	3 小时 30分钟 + 比赛
		下午			跑步 20 分钟 强度区间 2					

译者后记

书终于要出版了，一丝解脱，一丝不舍，好似“十月怀胎”，实属不易。本人也因之动了念头：要将本书之由来、运动之内涵、译文之艰辛，连同感谢诸位同仁一并发于笔端。但是转念一想，读者并不是要从我们编译的角度来找寻书籍，而是要一本在手、尽快上手的运动技术和技巧，我们的目的不就是为了读者服务吗！所以，应以读者尽快入门为先，一切从简为好。

因此，我就直入主题，本书主题涵盖：运动技术、机械原理，生物医学、营养饮食，训练手段、比赛对策，生理知识、心理分析，还包括中外业内的励志故事等，我们希望读者能从中体验到一段业界的“盛宴”。

作为一本经典的入门和进阶级别的运动工具书，不仅对铁三项目，而且对从事游、骑、跑各个单项的爱好者同样适用；甚至对健身锻炼、瘦身减脂的各位，同样是本不错的参考书。而训练上“手段”、比赛有对策，既可以使得初学者快速上手，又能够满足进阶者水平精进。还可为器械维护、营养保健和减脂塑身等不同需求者，提供很好的理论依据和实践计划。值得一提的是，文中的运动心理学部分，对业内，尤其是年轻人在运动中意志品质的打造，益处良多。

近年来，铁人三项运动在中国日渐兴起。在港澳台地区和岭南地区，铁人三项赛事已成为与马拉松、跨海横渡、龙舟赛等特色体育旅游赛事齐名，每年吸引众多爱好者和观众前来参赛和观光。

承蒙各界队友和朋友的大力支持，提供了相关信息，修改意见，包括游、骑、跑训练和参赛的宝贵经验。去过地球之巅北极马拉松跑的丛丛队友，亦提供了很多鲜见且有益的极地运动经验和自己内心之旅的纯粹对白，都将成为协会和爱好者共同的宝贵财富；译文中还得到王鹏、杨仁柱两位专业人士的支持，这里也一并致谢。另外，家人、同事，以及业界的朋友在此平台相聚探讨，非常高兴。

游、骑、跑三项跨界运动，不断地锤炼技术、锻炼体魄、磨练意志！运动可以促进我们的大脑变得更聪慧、反过来增强的大脑能力又可以令我们的运动能力和灵敏度进一步提高。藉此预祝各位在运动中安全第一、享受快乐，收获健康和美好的体验！

关于我们钟爱的运动，引用柏拉图的附言：上帝赋予人类两种手段——教育与运动，一为灵魂，一为身体。二者缺一不可，达至完美。

在本书的译文前，本人快速研究了一下我们中华近现代翻译的历程和佳话。特别选取学习了众多大师中里程碑式的人物，翻译和语言大师：辜、钱、许，以期多被熏陶、汲取营养，以流畅易懂的文字服务于读者。当然，因水平有限、其间难免有疏漏和错误，烦请各位爱好者和同仁指正。